L'ART

DE

PAYER SES DETTES

ET

DE SATISFAIRE SES CRÉANCIERS,

SANS DÉBOURSER UN SOU.

IMPRIMERIE DE H. BALZAC,
RUE DES MARAIS S.-G., N 17.

L'ART

DE

PAYER SES DETTES

ET

DE SATISFAIRE SES CRÉANCIERS,

SANS DÉBOURSER UN SOU;

ENSEIGNÉ

EN DIX LEÇONS.

OU

Manuel du Droit Commercial,

À L'USAGE DES GENS RUINÉS, DES SOLLICITEURS, DES SURNUMÉRAIRES, DES EMPLOYÉS RÉFORMÉS ET DE TOUS LES CONSOMMATEURS SANS ARGENT.

Par FEU MON ONCLE,

Professeur Emérite.

PRÉCÉDÉ D'UNE NOTICE BIOGRAPHIQUE SUR L'AUTEUR ET ORNÉ DE SON PORTRAIT.

LE TOUT PUBLIÉ

Par SON NEVEU,

AUTEUR DE L'ART DE METTRE SA CRAVATE.

« Plus on doit, plus on a de crédit. »
Pens. inéd. du Professeur.

À Paris,

À LA LIBRAIRIE UNIVERSELLE,

RUE VIVIENNE, N. 2 BIS, AU COIN DU PASSAGE COLBERT.

1827.

AVANT-PROPOS
De l'Éditeur.

————

L'AUTEUR de *l'Art de mettre sa cravate* lance dans le monde un ouvrage qui, bien qu'il ne soit pas de lui, va trouver bien des détracteurs, et lui attirer peut-être bien des persécutions. *Comment!* vont s'écrier une foule d'esprits étroits, *ce baron de l'Empésé prétend ériger en science l'art affreux de donner à un créancier honnête de belles paroles pour de l'argent comptant? Mais c'est une infamie, une abomination! Il faut pendre un homme comme celui-là!....*

Déjà d'inquiètes clameurs s'échappent des comptoirs de tous les négocians, fabricans, marchands et débitans; car il y en a quelques-uns qui ne voient pas

*

plus loin que leur patente, et quelques autres dont la philosophie n'a guère plus de longueur que le parquet de leur établissement.

A la seule annonce de ce livre la peur va gagner le propriétaire, le restaurateur, le limonadier, le tailleur, la lingère, le bottier, le chapelier, le bonnetier, le marchand de vin, le boulanger, le boucher, l'épicier, etc., etc., et jusqu'au libraire même; tous les petits mémoires qui dormaient d'un profond sommeil vont aller éveiller en sursaut le modeste employé, l'inutile fashionable, l'artisan laborieux et l'égoïste rentier.

C'est un malheur; mais comme l'ont dit de grands écrivains du XIXe siècle : *Le foyer des lumières s'étend de jour en jour* (1).... *Le genre humain est en marche* (2).... *La nation française ne*

(1) M. de Chateaubriant.
(2) M. de Pradt.

eut rétrograder (1)... *Les uns ont trop,
les autres n'ont pas assez* (2), etc., etc.
Mettez-vous bien dans la tête que tant
que l'on ne raisonnera que sur des *spé-
ialités* pareilles, on ne dira que des bê-
tises; il faut embrasser les grands intérêts
sociaux et raisonner sur les *généralités:*
le reste marchera tout seul, et ceci ne
sera un contre-sens que pour l'épicier!...
Mais qu'est-ce qu'un individu en comparaison de la masse?

Il est reconnu qu'il existe en France,
et principalement à Paris, une quantité
innombrable d'individus à qui la société
ne doit rien, parce qu'ils ne font rien pour
elle, et qui ne s'imaginent pas moins
avoir le droit de frapper des réquisitions de toute nature, par cette seule
raison que « il est évident que *les uns*

(1) Le général Foy.
(2) L'oncle de l'auteur.

ont trop et que *les autres* n'ont pas assez (1). »

Or, quels sont les individus dont je veux parler ? des hommes qui se classent bénévolement dans la catégorie *des autres*, en n'ayant pour toute industrie que celle d'exploiter, pour ainsi dire de force, la catégorie dont se composent *les uns*. Je dois donc prévenir le lecteur que cet ouvrage n'a été écrit ni pour eux, ni pour

« Un tas d'hommes perdus de dettes et de crimes,
Que pressent de nos lois les ordres légitimes,
Et qui, désespérant de les plus éviter,
Si tout n'est renversé, ne sauraient subsister. »

En un mot, pour ces êtres paresseux, improductifs et déhontés qui, pour la plupart gens de sac et de cordes, ne méritent que le mépris et l'abandon, allant partout étaler aux yeux d'un public gé-

(1) Aphorisme de l'oncle de l'auteur.

heureux leur brevet d'incapacité , et ne se bornent qu'au triste rôle de *consommateur* à charge !....

Je le répète, ce n'est pas pour cette engence que cet ouvrage a été publié, mais bien pour cette classe d'infortunés, déshérités de leur part de la fortune nationale par une force majeure et indépendante de leur volonté; individus estimables sous tous les rapports, possédant toutes les qualités physiques et morales, tous les talens qui font le charme de la société, hommes éminemment *producteurs,* en un mot, hommes industriels, mais qui n'ayant pas une obole de revenu annuel, sont bien forcés de faire des dettes pour vivre honorablement. Hommes rangés et ayant des principes, ils n'en veulent pas moins satisfaire leurs créanciers d'une manière ou d'une autre, et pour cela ils sont obligés d'avoir recours à des moyens inventifs, à des efforts d'imagination qui laissent bien loin derrière eux les travaux, les découvertes et les opérations de toutes les classes réunies de l'Institut de France...

O vous! *producteurs* et *consommateurs* de toutes classes sans argent; vous qui aviez une place et qui n'en avez plus; vous qui en cherchez une et qui ne l'obtiendrez pas; vous qui en avez une qui n'en est pas une; vous qui écrivez dans les journaux libéraux; vous qui faites des brochures politiques et des petits livres in-32; vous qui commencez des maisons sans savoir comment vous les finirez; vous qui faites les beaux bras et des dettes à Paris, vous enfin qui faites tout comme a fait l'auteur de cet ouvrage, que de titres ne réunissez-vous pas pour qu'il vous offre le fruit de ses veilles et de ses méditations!

Par le temps qui court je vous vois exposé à aller à Sainte-Pélagie passer un,

deux, trois et quatre termes, ou mieux encore, faire un bail de cinq ans !.......
Ayez donc constamment sur vous ce *petit Manuel du Droit commercial ;* avec un tel guide vous pourrez narguer les mandats d'arrêts, les mandats de dépôts, les mandats d'amener, les mandats que vous aurez souscrits au profit d'un tiers porteur, etc., etc., etc., voyager hardiment, tout seul et à la barbe des créanciers, dans les nombreux et brillans passages dont la capitale abonde.

Tandis que vous êtes encore libres, achetez l'ouvrage de l'oncle de M. le baron de l'Empésé, lisez-le, méditez-le, raisonnez-le, apprenez-le par cœur, afin de perfectionner votre éducation, si déjà elle est achevée : la pratique est jointe à la théorie.

L'Editeur.

NOTICE BIOGRAPHIQUE

Mon Oncle.

———

L'HOMME vraiment étonnant dont je vais entretenir un instant mes lecteurs, mon oncle enfin, fut
un de ces individus privilégiés de la nature, et pour
lesquels la fortune se plaît à opérer des miracles.

Dès l'âge le plus tendre il sut se mettre au-dessus
de ces préjugés impérieux qui gouvernent la société
et qui ne sont, philosophiquement parlant, que *de
grandes infirmités morales*, en vivant *de fait* sur le
pied d'un homme qui a 50,000 livres de rentes, bien
qu'il n'eût jamais possédé *de droit* un sou de revenu.

Après avoir usé pendant soixante années consécu-
tives de toutes les jouissances qu'il soit permis à
l'homme de désirer et d'user, il fit une fin digne
de lui en rendant le dernier soupir chez un restaurateur fameux, qui souvent avait été à même d'ap-
précier ses brillantes qualités et la puissance de son
génie.

Mon oncle naquit à Saint - Germain - en - Laye
le 1er avril 1761. Je ne parlerai pas des première
années de son enfance qui s'écoulèrent paisiblemen
comme celles de tous les enfans gâtés par leur mèr
Ma grand'maman désirait depuis long-temps u
gage de la tendresse de mon grand-père ; elle vena
de l'obtenir après dix années d'union, et mon oncl
en était le premier fruit (mon père ne vint a
monde que dix autres années après). Mon grand
père, aussi aveuglé par sa tendresse pour son fil
que l'était sa femme, ne 'sut pas distinguer toute
les passions qui viendraient un jour assaillir le cœu
de *son trésor*, et quoique ce fût un homme d'esprit
il ne sut pas donner à son éducation la marche qu'ell
semblait nécessiter.

Absent pendant neuf mois de l'année qu'il passai
à son régiment de Royal-Cravate, où il avait obtenu
le grade de major, il ne pouvait guère surveillei
son fils, et était obligé de s'en rapporter à la sagesse
de sa femme. Doué de toutes les dispositions nécessaires pour faire parler de lui un jour, le trésor
de ma grand'maman avait aussi tous les petits dé-
fauts voulus pour en faire parler dans un genre opposé.

On lui avait donné des maîtres qu'il n'écoutait
pas ; il dansait avec son maître de latin, tirait
des pétards au nez du maître de danse, mettait
des bouts de bougie dans les poches du maître de

dessin et des bouchons dans la flûte de son maître de musique. Dans les courts voyages que mon
grand-père faisait à St.-Germain, mon oncle pre-
nait son épée qu'il mettait à la place de la broche
après y avoir passé son plumet en *guise de rôti*; il
arrachait les poils du chat et faisait des mousta-
ches au serin avec de l'encre. Ma grand'maman
trouvait cela charmant; mon grand-père ne pouvait
s'empêcher de rire en traitant toutes ses espiègle-
ries de bagatelles, et disant que l'âge le corrigerait
plus tard. L'âge vint et mon oncle ne se corrigea
pas. Enfin, les choses devinrent telles, que personne
ne pouvant plus tenir dans la maison, on prit le
le parti de se débarrasser du *trésor*. Mon oncle avait
alors 10 ans.

Il entra au collège *Louis-le-Grand* à Paris, où,
pendant les quatre premières années, il fit des progrès sensibles et mit à profit les précieux avantages qu'il avait *reçus de la nature*. S'il n'était pas le
plus fort de sa classe en version, il était le plus fort
à la balle; il se battait régulièrement deux fois par
jour, se faisait mettre au pain sec cinq fois par semaine, recevait vingt-cinq férules à la fin du mois,
et remportait deux prix et une demi-douzaine d'*ac-
cessit* à la fin de l'année; ma grand'maman était
enchantée.

Au mois d'août 1777, mon grand-père étant à
St.-Germain, vint à Paris avec l'intention d'emmener

son fils passer une partie des vacances avec lui
à son régiment. Il arrive au collége, se faisant une
fête de le voir; il le demande........ Le visage du
principal s'allonge........, sa physionomie se rem-
brunit....., il balbutie......, enfin mon grand-père
apprend que depuis quinze jours son cher fils a dis-
paru ainsi que la fille de la blanchisseuse de la lin-
gerie, et qu'on ne sait où ils sont allés. Mon oncle
venait d'atteindre sa seizième année.

Mon grand-père se garde bien d'apprendre à sa
femme cette escapade. Il alla trouver M. de Sar-
tines qui lui dit de revenir le soir. Pendant ce temps
mon oncle fut déniché avec sa petite blanchisseuse dans un cabinet garni de la rue Fromenteau où
il s'était réfugié. Son père le ramena à St.-Germain,
sans lui faire aucun reproche; et, dès ce moment,
il fut convenu qu'étant assez avancé dans ses études
pour pouvoir se passer du collége, il les terminerait
dans la maison paternelle.

Le cours d'études que mon oncle entreprit était
assez agréable. Tous les matins il jouait à la paume
ou au billard, allait le soir au bal, y faisait de nombreuses connaissances qu'il amenait chez sa mère
boire le meilleur vin de son père, crevait des che-
vaux, brisait les voitures de ceux qui voulaient bien
lui en prêter, et devait à tout le monde.

Dans la belle saison il allait à la campagne, tirait sur les chiens et même quelquefois sur les gar-

des de chasse après avoir fait des enfans à leurs femmes, tuait tout le gibier et empruntait de l'argent à tous les propriétaires des environs. L'hiver, il avait un duel par semaine et une prise de corps tous les mois.

Ce fut alors que mon grand-père résolut de le faire voyager pour tâcher de calmer une tête qui, disait-il, n'avait besoin que de réfléchir. Or, les voyages prêtant beaucoup à la réflexion, mon oncle fut envoyé aux Eaux de Bagnères qui étaient alors le rendez-vous de tout ce qu'il y avait de plus distingué.

Là, il devint l'ordonnateur de toutes les fêtes, l'âme de tous les plaisirs. Ceux qui y étaient à cette époque (1784) se rappelleront encore la salle de spectacle qu'il construisit en deux heures de temps à Lourdes, où était arrivée, depuis quelques jours, une troupe de comédiens de province dans l'intention de continuer leur route pour la Capitale, au moyen de quelques recettes qu'ils comptaient prélever sur les rustiques habitans, en les gratifiant de deux ou trois de leurs représentations.

A défaut d'autre local pour y établir son théâtre, mon oncle avait jeté son dévolu sur le vaste hangard d'un sellier qui permit qu'on en disposât, mais à condition de ne point faire déménager ses voitures. Il trouva le moyen de tout concilier : il fit démonter les caisses de dessus leurs trains, les fit ranger en de-

**

mi-cercle les unes à côté des autres, et composa de
cette manière un rang de loges d'un genre tout-à-
fait nouveau. Un grand carrosse à portières ouvertes
qui avait appartenu autrefois à l'archevêque de Tou-
louse formait la loge d'honneur, et deux belles di-
ligences, aux extrémités de l'orchestre, figuraient
les loges d'avant-scène. Un second rang de loges de
la même espèce s'élevait sur leurs trains, et toutes
les selles, disposées sur de longues perches perpen-
diculaires au théâtre, composaient un parterre où
les spectateurs étaient à califourchon. Jamais spectacle plus grotesque n'excita des ris plus immodérés.

Mon oncle revint l'année suivante à Saint-Germain avec un sensible changement opéré dans toute
sa personne. S'il avait gagné d'un côté, il avait perdu
de l'autre; car il rapporta de ce voyage un goût
prononcé pour le jeu auquel il se livra d'une manière telle, que mon grand-père aliéna sa petite fortune pour acquitter les dettes nombreuses que son
fils contracta.

Ce fut à cette époque (1787) que mon oncle
perdit son père. Il mourut des suites d'une chute
de cheval : ma grand'maman suivit de près son mari.
Mon père, quoique plus jeune de 10 ans que son
frère, mais beaucoup plus sage, fut chargé par le
conseil de famille d'arranger les affaires de la succession, bien qu'il ne fût pas majeur. Mes grands
parens ne laissèrent que très-peu de chose à leurs

enfans, et quoique mon oncle eût déjà reçu six fois
la valeur de ce qui pouvait lui revenir, mon père
n'en partagea pas moins avec lui les 12,000 fr.; montant de la succession.

La révolution venait d'éclater, et mon oncle qui
s'était déjà fait remarquer par la violence de ses opi-
nions monarchiques, crut devoir s'expatrier dans
un moment où tout ce qui était considéré comme
appartenant au *parti de la cour*, avait à craindre
pour sa vie. Une raison qui n'était pas moins forte
encore, c'est qu'il ne lui restait plus rien, et qu'étant
habitué à vivre grandement, ayant usé son crédit,
il n'aurait pu trouver un sou à emprunter.

Il prit le parti de retourner aux Eaux, où il espé-
rait mettre en pratique les nombreuses ressources
que le jeu pouvait lui offrir. Il quitta donc Paris au
mois de mai 1789, et arriva à Bagnères, où il se fit
modestement passer pour un jeune banquier de
Hambourg, bien qu'il n'eût jamais trouvé un écu
sur sa signature; mais personne ne paraissait s'entendre mieux que lui aux grandes spéculations com-
merciales; à l'entendre il était en relations avec
toutes les places de l'Europe, ayant sans cesse à la
bouche le nom des plus fameux négocians. C'était
toujours sans affectation qu'il parlait des opérations
immenses qu'il avait faites aux dernières foires de
Francfort et de Leipsick, et la seule chose qu'on
ne pouvait concevoir après l'avoir bien écouté, c'était

qu'aucun souverain de l'Europe ne lui ait encore confié l'administration de ses finances, et qu'il vînt per-
dre aux Eaux un temps qu'il aurait pu employer si
utilement à la prospérité de ses concitoyens.

Une autre fois, il trouva le moyen de persuader à
un prince russe qu'il possédait, dans une de ses
terres en Sibérie, des carrières de marbres dont
l'exploitation devait rapporter plusieurs millions. Ils
passèrent ensemble un marché que mon oncle céda
peu de temps après pour la somme de cinquante
mille écus, à un négociant de Florence, lequel se
transporta en Russie, et dépensa six cent mille
francs à fouiller une prétendue carrière, dont il ne
retira même pas de quoi faire un dessus de table de
nuit.

En 1796, mon oncle revint à Paris où il se lança
dans les affaires. Il obtint un emploi dans les fournitures de l'armée d'Italie, et en 1799, il était un
des munitionnaires généraux de l'armée de Pichegru
en Hollande.

Dans l'espace de huit ans, il fit, perdit, refit et
mangea quatre fois sa fortune; enfin, un jour il
avoua à mon père qu'il ne possédait pas, pour le
moment, un louis, tout en lui proposant d'en parier mille, qu'il reviendrait de Spa, où il comptait
aller passer la saison des Eaux, avec cinquante
mille francs dans son portefeuille; mon père aurait
perdu son pari, et mon oncle l'aurait gagné.

Pendant quinze ans, mon oncle n'eut d'autre existence que celle qu'il tirait de son talent au billard, au piquet, et à d'autres jeux qu'il n'exerçait jamais qu'au rendez-vous des Eaux les plus fréquentées, ou à Paris, au pavillon d'Hanovre et dans d'autres établissemens de ce genre. Son bonheur était si constant qu'on était tenté quelquefois de croire qu'il y entrait beaucoup d'adresse; mais la preuve de sa bonne foi était à la pointe d'une épée ou dans le canon d'un pistolet, et mon oncle l'avait tant de fois administré avec succès qu'il avait fini par convaincre tout le monde sans persuader personne.

Cependant le moment était arrivé où il allait voir s'évanouir le rêve de bonheur qui durait depuis plus de quarante ans. C'était en 1821, il était revenu des Eaux de Plombières où il avait passé la saison précédente, et cette fois il en était revenu sans un sou vaillant. Forcé de se loger dans un petit hôtel garni de la rue *Saint-Nicolas d'Antin*, il avait voulu recommencer le genre d'industrie qu'il avait si bien exploité à Paris, et ailleurs. Mais hélas! il n'avait plus au billard cette justesse de coup d'œil, qui ne lui avait jamais fait manquer au bloc, même une *bille de longueur*; à l'écarté il ne *retournait* plus le roi aussi souvent; à l'impérial ses adversaires *donnaient* mieux que lui, et au piquet les mains lui tremblaient lorsqu'il fallait *battre les cartes*. Si l'étoile de mon oncle avait commencé à pâlir à Plombières, elle s'était totalement éclipsée à Paris.

Il me serait impossible de peindre le profond chagrin qui s'empara tout à coup de l'homme qui avait toujours vu en riant les événemens les plus tristes de la vie. A la suite d'une partie d'écarté où il avait perdu tout; ayant été *piqué sur quatre* trois fois de suite, la fièvre s'empara de sa personne le lendemain matin, et le maître de l'hôtel s'empara de sa malle qui contenait tout ce qu'il possédait en linge et vêtement, et jusqu'à une magnifique queue de billard qu'il avait gagnée à un fameux ébéniste de la capitale, comme pour avoir entre les mains une hypothèque de ce qui lui était dû, tant en logement qu'en nourriture.

Mon oncle ne put supporter ce dernier coup, et dès ce moment sa maladie qui n'était autre chez lui qu'un épuisement total de la machine humaine tant au physique qu'au moral, empira d'une manière vraiment alarmante pour lui et ses créanciers. Ayant épuisé toute espèce de ressources, il se fit conduire bravement en fiacre à l'hospice de la Charité où il prétendit devoir être traité d'une manière privilégiée, attendu que le huitième de tout ce qui se perdait au jeu devant retourner aux hospices, ainsi que le cinquième du prix de tous les billets pris au spectacle, depuis quarante ans il avait bien payé sa place à l'hôpital, et que ce n'était qu'un *rendu* pour un *prêté*.

Il y entra, en effet, le 3 janvier 1822, ses poches pleines de patience et de philosophie ; quant à son amour-propre, il le déposa prudemment à la porte, au risque de ne le plus retrouver en sortant. Pendant un an que dura sa maladie, je lui prodiguai toutes les consolations et tous les adoucissemens qui furent en mon pouvoir. J'allais le voir souvent, et les jours où je ne pouvais absolument me déranger de mes occupations, il passait son temps à m'écrire, et (me disait-il) *à mettre en ordre ses écritures*, sentant bien qu'il était arrivé au bout de sa carrière. Je me réserve de publier un jour cette correspondance qui ne sera pas moins piquante qu'instructive à cause de l'originalité, et des observations de tous genres dont elle est farcie.

Ce fut à *la Charité* que mon oncle composa le savant traité que je donne aujourd'hui au public.

Sur la fin de cette année (commencement de décembre) étant en état de sortir, il quitta son hospice pour venir partager avec moi ma très-modeste demeure. Là, il se livra tout entier à cette triste pensée, qu'il allait être incessamment forcé de faire une banqueroute définitive à ce bas-monde et à ses créanciers. Au fait mon oncle pouvait-il se faire un scrupule de la dépense d'une cinquantaine de mille francs (plus ou moins) (1) qu'il avait prélevés

(1) Ces 50,000 fr. sont ici pris comme terme moyen.

chaque année sur ses concitoyens? Non sans doute,
aussi vit-il approcher sans effroi le moment fatal.
Mais comme il voulait mourir tranquillement, et
la consience pure, il employa les derniers jours de
sa vie cosmopolyte, à rechercher ses nombreux
créanciers, son intention étant de leur déclarer
lui-même sa pénible faillite. Ils étaient au nombre
de deux cent vingt-deux. Il les convoqua définitivement pour le 19 mai, et le rendez-vous fut indiqué
chez Gillet, restaurateur, à la porte Maillot, dans le
salon de quatre cents couverts. La plupart igno-
raient ce que mon oncle leur voulait; mais telle
avait toujours été leur estime et leur admiration
pour le génie inventif dont il leur avait si souvent
donné des preuves palpables aux jours de sa bril-
lante fortune, qu'aucun d'eux ne manqua au rendez-vous.

Mon respectable oncle se fit conduire en fiacre,
car n'ayant pas même la force de marcher, il lui
aurait été de toute impossibilité de faire cette course.
Arrivé au lieu de la séance, il fit préparer une espèce d'estrade avec une bergère, dans laquelle il
devait s'asseoir pour haranguer son monde, puis un
premier rang de chaises tout autour, et un second
rang placé sur les tables qu'il avait fait disposer à
cet effet, se rappelant sans doute la salle de spectacle
qu'il avait improvisée à Bagnères, il y avait quarante
ans : et lorsque tous ces créanciers furent réunis et

placés il s'assit au milieu d'eux, avec calme et dignité, puis commençant par s'excuser sur la faiblesse de sa voix, qui depuis sa sortie de l'hôpital
ne lui permettait guère de se faire entendre très-
distinctement, et s'être recueilli comme pour rap-
peler à sa mémoire de vieux et importans souvenirs,
il leur tint à peu près ce discours :

« Messiéurs ,.....

(*Grand mouvement d'attention suivi d'un profond
silence*).

« Le grand livre de la vie va se fermer pour moi :
Voilà tout à l'heure soixante et un ans que mon
compte y est ouvert. Il n'appartient ni à vous ni à
moi de faire la balance de celui-ci, ce soin n'est
réservé qu'à Dieu seul, qui a tenu jusqu'à ce jour le
livre journal de toutes mes pensées et actions :
(*Un vieil usurier fait ici un signe de croix*). Je le
vois déjà prêt à entreprendre les terribles additions
de cet immense compte courant, et je tremblerais
d'apprendre de combien elles me constitueront
son débiteur, si son crédit comme sa bonté n'é-
taient infinis. »

A ce touchant exorde les mouchoirs des deux cent
vingt-deux créanciers de mon oncle sortirent de leurs
poches et se portèrent à leurs yeux où semblaient
rouler quelques larmes d'attendrissement. Mon oncle
respira une prise de tabac et continua.

« S'il ne m'est point donné de compter avec le

» Créateur, il m'a du moins laissé la force et le cou-
» rage nécessaire pour régler définitivement avec
» chacun de vous avant ma mort ; car je le sens mon
» heure dernière a sonné (*quelques sanglots se font en-*
» *tendre*). Voici mon journal, mon grand-livre, mon
» carnet d'échéances, mon répertoire établi par ordre
» alphabétique ; ils sont visés, cotés et paraphés selon
» l'usage établi chez un homme qui, ne faisant que des
» affaires en règle, doit se rendre compte, depuis
» le premier jour de sa gestion jusqu'au dernier, de
» ses moindres opérations. »

Tous les yeux des créanciers se fixent alors sur un
amas de paperasses que mon oncle se serait bien
gardé de leur montrer de près.

« Chacun de vous y trouvera couché le solde de ce
» qui lui revient en totalité, intérêt et capital réunis
» (*ici nouvelles larmes d'attendrissement*). Mais, Mes-
» sieurs, vous auriez tort de penser que, comme dans
» les balances ordinaires des négocians patentés, il
» se trouve ici un *actif* et un *passif* (*grand mouvement*
» *d'attention*). Non, Messieurs, non. Je n'ai à vous pré-
» senter que du *passif* (*mouvemens en sens divers*).

» Cependant ne craignez pas de recevoir ni 10
» p. 100 ; ni 20 p. 100 ; ni même 40 p. 100 de ce qui
» vous est si légitimement dû (*l'attention redouble*). Je
» suis incapable d'une telle bassesse, cela serait une
» véritable friponnerie ; et j'aimerais mieux ne vous

rien donner, aussi est-ce ce que j'ai résolu, et vous ne recevrez pas un sou.»

(*Ébahissement général suivi d'un murmure improbateur.*)

Quelques voix : *Écoutez ! écoutez !*

Ici mon oncle se mouche, boit une gorgée d'eau sucrée, et reprend ausitôt avec calme et confiance :

«Oui, Messieurs, écoutez !..... Mon père en mourant ne me laissa pour toute fortune que quelques brochures manuscrites indiquant un grand nombre d'améliorations à faire dans le système financier établi en France.....; pouvaient-elles me faire vivre, je vous le demande ?

(*Approbation au centre*, un marchand de comestibles : *C'est très juste*).

»Je conçus donc la grande pensée du *crédit*, et j'ai découvert qu'il ne se fondait et ne s'établissait d'une manière solide que d'après la fidélité qu'on apportait à ne jamais payer ses dettes. (*Oh ! oh !*) Je vous ai tous fait servir de preuve à cette importante découverte. (*Agitation.*) Si elle vous laissait le moindre doute à cet égard, je vous engagerais à jeter les yeux sur vos écritures, où je vous défie de trouver noté le plus léger à compte de ma part.

(*L'agitation redouble.*) J'ignore encore si vous aurez dans la suite à vous louer de ma découverte.

(*Hésitation marquée.*) Mais je me suis toujours fait un devoir, jusqu'aux derniers momens de mon

» existence politique et sociale, de manœuvrer mes
» emprunts quelquefois forcés, et ce, je ne crains
» pas de l'avouer, de manière qu'au jour de mon
» décès, les sommes que j'ai perçues se trouvassent
» réparties sur un grand nombre de têtes, et tou-
» jours de préférence sur les plus riches.

*(Approbation générale, à l'exception du vieil
usurier.)*

» Mais, Messieurs, qu'est-ce que cette perte, en
» comparaison de celles que vous fera éprouver im-
» manquablement le misérable système de finance,
» qui vous a été dernierement présenté. *(Silence au
» centre, hilarité à gauche et à l'extrême droite)*, une
» véritable bagatelle en comparaison des immenses
» avantages dont le nouveau système de crédit,
» d'emprunt et d'amortissement que je viens de vous
» dévoiler, pourra vous faire jouir à l'avenir. J'ai
» chargé mon neveu de le développer, de le rédiger
» et de le faire imprimer pour le bien commun de
» tous et comme devant apporter à l'État une nou-
» velle source de prospérité découverte par mon
» exemple (1).

(Marques bruyantes d'improbation.)

» Hé! Messieurs, si je voulais m'étendre sur le
» bien que je vous ai fait et que je suis encore à même
» de vous faire, il me serait facile de prouver que

(1) M. le Baron de l'Empesé a scrupuleusement rempli les der
nières volontés de son Oncle.

vous êtes encore mes débiteurs, mais je préfère
me séparer de vous avec la consolante idée que
nous sommes ensemble parfaitement quittes. »

Une voix : *Celui-là est trop fort !*

Je termine, Messieurs, veuillez me prêter pour
cela toute votre attention. (*Profond silence.*) J'ai
servi d'exemple au riche ; j'ai aidé le pauvre ; je
n'ai fait, en quelque sorte, que déplacer quelques-
uns de vos immenses capitaux pour les reporter vers
des points où ils trouvaient un bon emploi. J'ai
commencé à opérer le nivellement des montagnes
d'or que la fortune s'est plue à élever autour de
vous : elle était aveugle jusqu'alors, je l'ai, pour
ainsi dire, opérée de la cataracte, mes Mémoires
feront le reste..... (*Bourdonnement général.*) »

Mon oncle, après ces mots, se laissa aller sur la
bergère, accablé par les efforts qu'il venait de
faire pour prouver à ses créanciers d'une manière
si non victorieuse, du moins positive, qu'ils devaient
encore s'estimer heureux qu'il ne leur dût pas davantage.

Il est vrai que la fin, si inattendue, de ce discours,
produisit dans l'assemblée un mélange de sentimens opposés. Les uns voulaient l'étrangler, les autres n'étaient mus que par des sentimens d'extase et
d'admiration.

Peu à peu, cette masse de créanciers ne partagea
plus que les mêmes idées de générosité, et chacun

***

d'eux alla déposer au bas de l'estrade, sur laquelle
deux des demoiselles de salle de M. Gillet étaient
occupées à faire revenir mon oncle de son évanouis-
sement, les *billets*, *lettres de changes*, *délégations*,
bons payables avec *arrêtés de compte*, etc., etc.; que
ce digne citoyen avait souscrits à leur profit depuis
plus de quarante ans.

Après qu'il eut repris ses sens, et qu'il eut aperçu
le faisceau de billets et de papiers timbrés qu'on
venait de déposer d'un commun accord à ses pieds,
il ne put résister au saisissement que la joie de les re
voir amassés lui causa tout-à-coup. Faisant un nouvel
effort sur lui-même, il souleva ce trophée de ses mains
défaillantes, comme pour le montrer à l'univers,
et rassemblant toutes ses forces, il s'écria : « Je ne
» vous demande plus qu'une seule chose en grâce !..
» Messieurs, prométtez-moi d'acheter mon ouvrage
» aussitôt qu'il sera imprimé. » Tous le lui jurèrent,
» et il rendit le dernier soupir dans mes bras.

La perte inattendue d'un homme de bien est un
des plus tristes évènemens qui puisse affliger la société et ses créanciers lorsqu'il en a. Celle de mon
oncle fut principalement appréciée par un marbrier entrepreneur de monumens funèbres. Aussi,
avec une éloquence qui ne part que du cœur, s'em-
pressa-t-il d'émettre un vœu, celui de faire une petite souscription pour lui élever un modeste tom-
beau et perpétuer ainsi le souvenir d'un hom-

me de génie. L'un et l'autre furent à l'instant réalisés, et mon bien bon oncle fut enterré au cimetière du Mont-Parnasse, que pour ainsi dire il étrenna de sa personne le 22 de mai 1823. Tous ses créanciers l'accompagnèrent jusqu'à sa dernière demeure.

Peu de jours après, une pierre tumulaire couvrit sa dépouille mortelle, sur laquelle on est tous les jours à même de lire cette simple mais touchante inscription, inspirée autant par la reconnaissance que par une juste admiration, elle fut gravée en caractères lapidaires par la main même du vertueux marbrier :

CI-GÎT

L'INVENTEUR

DE

L'ART

DE PAYER SES DETTES

ET

DE SATISFAIRE SES CRÉANCIERS

SANS DÉBOURSER UN SOL.

22 MAI 1823.

REQUIESCAT IN PACE.

****

APHORISMES,

Axiômes et Pensées neuves

ont on ne saurait trop se pénétrer avant que d'étudier
les diverses théories enseignées par mon Oncle.

I.

Plus on doit, plus on a de crédit ; moins
on a de créanciers, moins on a de res-
ources.

II.

Quiconque ne fait pas de crédit doit in-
failliblement faire banqueroute, parce que
plus on fait de crédit plus on débite, plus
on débite plus on fait d'affaires, plus on fait
d'affaires plus on gagne d'argent.

III.

Faire des dettes chez les gens qui n'ont
pas assez, c'est accroître le désordre, mul-

tiplier les infortunes. Devoir aux gens qui
ont trop, c'est, au contraire, compenser
les misères, et tendre au rétablissement de
l'équilibre social.

IV.

Quiconque a des principes doit payer ses
dettes lorsqu'il en a, soit d'une manière ou
d'une autre, c'est-à-dire avec de l'argent
ou sans argent.

V.

Un créancier mal élevé, féroce même,
qui ne répond que des sottises aux raisons
que vous lui alléguez lorsqu'elles sont
bonnes, tout en ne lui donnant que cela,
vous remet, sans s'en douter, une quittance en bonne forme de la somme dont
vous pouvez lui être redevable.

VI.

Dans le meilleur des gouvernemens possible, une nation, quelque grande qu'elle
soit, quelqu'unie qu'elle puisse être, se

rtage toujours en deux *partis* opposés
hacun.

Savoir :

1° Parti : Individus *lésans*. C'est le plus
ort.

2° Parti : Individus *lésés*. C'est le plus
ombreux.

Je laisse au lecteur le choix d'embrasser
elui qui lui paraîtra préférable, ne pou-
ant opter pour un parti neutre ou mixte
(comme en politique)., parce que, dans
otre acception, il ne peut en exister.

VII.

La population d'un empire ou d'un
oyaume ne se compose également que de
eux classes : celle des *producteurs* et celle
es *consommateurs*.

Les *producteurs* ne sont autres que les
réanciers, les *consommateurs* sont les *débi-
leurs*.

Or, s'il n'y avait pas de *consommateurs*,
les *producteurs* deviendraient inutiles. Ce
sont donc les *consommateurs* qui font vivre

les *producteurs*. Il en résulte qu'un *producteur* (un *créancier*) doit encore avoir obli-
gation au *consommateur* (le *débiteur*) de ne
pas lui payer ce qu'il lui doit, puisque si
celui-ci ne lui devait rien, celui-là mour-
rait de faim.

VIII.

La splendeur d'un état étant toujours
en proportion de la masse de ses dettes,
(voyez l'Angleterre) relativement aux individus, raisonnez par analogie?

IX.

Si la *propriété* n'existe que par le fait du
propriétaire, quiconque vient au monde a
droit à une propriété quelconque.

X.

Il est évident que le monde ne se compose que de gens qui ont trop et de gens
qui n'ont pas assez; c'est à vous de tâcher
de rétablir l'équilibre en ce qui vous con-
cerne.

XI.

Il vaut mieux devoir 100,000 fr. à-la-fois à une seule et même personne que 1,000 fr. à mille personnes à-la-fois.

XII.

Le nombre d'individus embarrassés parce qu'ils ont trop d'argent, dont ils ne savent que faire, est égal au nombre d'individus embarrassés parce qu'ils ne savent que faire pour avoir un peu d'argent.

XIII.

Parmi ceux qui ont dû, il n'y a que ceux qui ont commencé de payer que l'on ait mis à Sainte-Pélagie; on se garderait bien d'y mettre celui qui, devant depuis long-temps, n'a encore rien payé.

XIV.

Quiconque a *bon pied* et *bon œil* ne peut être privé de sa liberté que parce qu'il le veut bien.

4

XV.

Il n'existe au monde que deux fléaux, dont toutes les puissances de la terre ne sauraient vous garantir, ce sont la peste et les huissiers.

XVI.

Se donner la mort parce qu'on ne peut payer ses dettes, et qu'on en a cependant l'intention, est, de tous les moyens à employer, le plus sot. S'il est vrai qu'on se doive à ses créanciers, on doit vivre pour eux, et non pas mourir.

XVII.

..... Ce qui est dans la poche des autres serait bien mieux dans la mienne !..... Ote-toi de là que je m'y mette !.... Tel est, en peu de mots, le fond de la morale universelle.

✳

PREMIÈRE LEÇON.

Des Dettes.

Impossibilité de n'avoir pas de dettes. — Qu'est-ce que l'on entend par le mot dettes. — Leurs diverses natures. — Leur nombre, leur qualification et leurs significations enseignées par mon oncle. — Mont-de-Piété.

« QUEL est l'heureux du siècle (disait
» habituellement mon oncle), qui, depuis
» trente ans, au travers et à la suite des as-
» signats, des mandats, de la déroute poli-
» tique et de la banqueroute (dont l'État a
» donné le premier l'exemple), des émigra-
» tions, des confiscations, des réquisitions,
» des appréhensions, des épurations et des
» invasions qui ont renversé toutes les
» fortunes, a toujours pu dire : *Je ne dois*
» *rien ?*....... Quelle nation, assise sur des
» monceaux d'or aujourd'hui, pourrait dire :
» *Nous ne serons jamais débiteurs ?*..... Je l'ai

» dit et j'aurai souvent l'occasion de le répé-
» ter, la France elle-même, toute riche qu'elle
» est, ne se compose que de deux classes :
» celle des *débiteurs*, et celle des *créanciers*,
» autrement dit des *producteurs* et des *consom-*
» *mateurs.*» Mais revenons au sujet principal
qui doit m'occuper, en donnant d'une manière claire et précise l'explication de ce
qu'on entend par *dettes*, en examinant ce mot
dans toutes ses acceptions.

Ce terme, pris dans son véritable sens,
signifie ce que l'on doit à quelqu'un. Néan-
moins, on entend aussi quelquefois par
dettes ce qui nous est dû, c'est alors une
créance. Pour éviter cette confusion, on
distingue une infinité de natures de dettes,
et je donnerai l'explication de leurs termes
ci-après.

Tous ceux qui peuvent s'obliger peuvent
contracter des dettes; d'où il suit que, par
un argument en sens contraire, ceux qui
ne peuvent pas s'obliger valablement ne
peuvent contracter des dettes. Ainsi les
mineurs non émancipés, les fils qui n'ont

point atteint leur majorité, les femmes en puissance de maris ne peuvent contracter aucunes dettes, sans l'autorisation de ceux sous la puissance desquels ils sont, c'est-à-dire de leurs curateurs ou tuteurs, de leurs pères ou de leurs maris.

On peut contracter des dettes verbalement et par toutes sortes d'actes, comme par billets ou obligations, sentence ou jugement.

Les causes pour lesquelles on peut contracter des dettes sont tous les objets pour lesquels on peut s'obliger, comme logement, nourriture, habillement, location, prêt, avances, etc., etc.

Notre jurisprudence reconnaît vingt-six natures de dettes qu'elle a qualifiées comme ci-dessous, et que mon oncle interprète ou explique de cette manière.

Savoir:

1° DETTE ACTIVE. Elle est considérée par rapport au créancier, ou pour mieux dire c'est la créance elle-même. Ainsi la créance d'un restaurateur chez lequel on mange depuis *long-temps* et auquel on doit, depuis la *même époque*, doit être considérée comme dette active.

Le terme de *dette active* doit être opposé à celui de *dette passive* qui est, à peu de chose près, la même, avec cette différence cependant qu'il faut entendre par *dette active* celle de la somme qu'on doit pour avoir mangé chez lui sans payer jusqu'au jour présent, et par dette passive l'argent qu'on lui devra par la suite, en continuant de manger chez lui de préférence et de ne le pas payer comme par le passé.

2° DETTE ANCIENNE, en matières d'hypothèque, est celle qui précède les autres. C'est de toutes les natures de dettes la plus difficile à contracter, parce qu'elle est la première, mais c'est aussi celle qu'il est le plus aisé d'éteindre, par la raison qu'il existe huit manières de l'amortir sans bourse délier, comme nous le prouverons plus bas.

3° DETTE ANNUELLE est celle qui se renouvelle chaque année comme une rente, une pension, un legs d'une somme payable chaque année, et que l'on ne paye pas au renouvellement de l'année ou l'année expirée, promettant d'en payer le double l'année suivante, et toujours de la même manière progressivement; c'est ce qu'on appelle en droit *debitum quot annis.*

4° DETTE CADUQUE; est celle qui n'est de nulle valeur pour le créancier et pour laquelle il n'a aucune espérance : il faut tâcher de n'en avoir que de cette nature, et de préférence aux autres.

5°. DETTE CLAIRE est celle dont l'objet est certain et qui signifie que le montant de la créance est fixe, connu et arrêté.

Par exemple devoir trois termes à son propriétaire est contracter envers lui une *dette claire.* Si vous parvenez à lui devoir le quatrième, le propriétaire est *clairement* payé aux termes de la loi.

6° DETTE CONDITIONNELLE. C'est celle qui est due sous condition. Par exemple : *Je vous payerai si je reçois de l'argent;* on n'a rien à toucher, donc on n'a rien à payer. En terme de jurisprudence : *Si navis ex Asiâ venerit.* Ce qui signifie *à l'arrivée du bateau à vapeur.*

7° DETTE CONFUSE, est celle dont le droit réside en quelqu'un qui se trouve tout à-la-fois créancier et débiteur du même objet, et par conséquent débiteur et créancier du même individu, de façon que ni l'un ni l'autre ne connaissant rien à cette nature de dette, si l'un des deux vient à *embrouiller* un peu les titres ou même les raisons sur lesquelles cette dette est basée, il opère l'amortissement.

8° DETTE DOUTEUSE, est celle qui n'est pas positivement *caduque*, mais dont le remboursement n'en est pas plus certain. C'est une espèce de promesse *périodique mixte* de la part du débiteur.

9° DETTE ÉTEINTE, est celle que l'on ne peut plus exiger, soit qu'elle ait été amortie ou que l'on ne puisse plus intenter d'action pour le paiement, c'est ce qu'on appelle en terme de jurisprudence *prescription.*

10° DETTE EXIGIBLE, est celle dont on peut poursuivre le paiement devant les tribunaux compétens, sans attendre aucun délai ni l'événement d'aucune condition.

Les billets à ordre, les lettres de change, les délégations et toute espèce d'obligations souscrites par écrit, peuvent être classées dans la catégorie des *dettes exigibles*.

Quiconque contracte une dette dite *exigible*, bouleverse de fond en comble l'échafaudage sur lequel est basé son crédit.

11° DETTE LÉGALE, est celle au remboursement de laquelle on est obligé, puis forcé par la loi. Le cas prévu dans la huitième manière d'acquitter ses dettes est à peu près la seule praticable pour opérer l'amortissement.

12° DETTE LÉGITIME. Elle s'entend d'une dette qui a une cause juste et n'est point usuraire.

Par exemple j'emprunte un billet de mille francs à un intime ami que je ne connais que de la veille, sous promesse de le lui rendre le lendemain; il me le prête sans *intérêt* de sa part comme sans reçu de la mienne; je ne le lui rends pas, quoiqu'il me l'ait fait demander plusieurs fois, quoique je n'aie contracté envers cet ami qu'une dette légitime, de reconnaissance, j'acquitte ma dette en reconnaissance, quoique cette monnaie n'ait point cours sur la place : il est bien forcé de s'en contenter.

13° DETTE ILLÉGITIME. Je n'en reconnais pas de réelle.

14°. DETTE LIQUIDE. C'est celle dont le prix de l'objet est fixé d'avance. Par exemple toutes les dettes de café sont des *dettes liquides*.

15° DETTE NON-LIQUIDE OU DETTE SOLIDE, c'est celle dont l'objet n'est point fixé irrévocablement ; par exemple vous avez l'intention de partager une somme de 3,000 fr. entre trois créanciers, mais vous ignorez à quelle somme nette se montera le mémoire de chacun d'eux, et vous êtes obligé, pour que ce partage se fasse proportionnellement, d'attendre qu'ils vous aient remis leurs factures. Eh bien, cette dette est une *dette non-liquide*. Les dettes contractées avec un tailleur doivent toujours être classées dans cette catégorie, parce que vous ne savez réellement ce que vous lui devez que souvent long-temps après qu'il vous a fait sa fourniture. Voilà la *dette non-liquide* ou *solide* proprement dite.

16° DETTE LITIGIEUSE, est celle qui est sujette à contestation : un marchand de drap vous vend de l'Elbeuf pour du Louviers, bien que vous ne payez pas plus l'un que l'autre, ce n'en est pas moins une dette litigieuse.

17° DETTE PERSONNELLE. Elles le sont toutes lorsqu'on peut les payer *avec de l'argent*. Sinon, il n'en existe pas une seule.

18° DETTES PRIVILÉGIÉES sont celles que l'on doit payer de préférence, lorsqu'on en est réduit à cette extrémité.

19° DETTE PROPRE, est une dette particulière de 100,000 fr. au moins et de 2,000,000 au plus. Passé cette quotité, cette dette rentre dans le domaine des *dettes nationales*. Une *dette propre* comme une *dette nationale* n'engagent à rien le débiteur.

20° DETTE PURE ET SIMPLE, c'est tout simplement acheter, prendre, louer, emprunter ou consommer sans payer. Cette nature de dettes est le véritable pont aux ânes.

21° DETTE RÉELLE. C'est celle qui n'a rien de simulé, une lettre-de-change, par exemple.

22° DETTES SALES. Ce sont les dettes de savetier. Cette dette, pour conserver sa qualification, ne doit jamais dépasser 2 fr. 25 c., prix d'une paire de becquais.

23° DETTE SIMULÉE. Est celle que l'on contracte en *apparence*, mais qui cependant finit presque toujours par devenir *réalité*, comme, par exemple, de prêter sa signature à un ami, sous promesse de sa part qu'il fera les fonds à l'échéance.

24° DETTE DE SOCIÉTÉ. C'est emprunter à son voisin, après avoir perdu à l'écarté, 10, 15, 20 ou 25 napoléons pour continuer de jouer contre lui.

25° DETTE SURANNÉE. C'est une dette contractée avant sa majorité. On peut ne les payer qu'après sa mort, si cela convient mieux.

26° Dettes usuraires. Est celle où le créancier a prêté son argent à 48 pour o/o, ou tout autre taux plus fort que celui voulu par la loi.

Un homme qui a des principes ne peut décemment accepter un argent qu'on lui prêterait, sur sa signature, à plus de 48 pour o/o par an, par la raison que l'administration toute philantropique du Mont-de-Piété, qui ne prête que sur un gage valant au moins cinq fois la valeur de ce qu'elle vous avance, se contente de moitié, c'est-à-dire 24 pour o/o par an; à la vérité tous frais compris, et sans avoir à craindre la prise de corps, ce qui n'est pas peu de chose. J'en parlerai dans ma neuvième leçon.

DEUXIÈME LEÇON.

De l'Amortissement.

Principe. — Vérité. — Préjugé. — Manières diverses de payer ou d'éteindre les dettes de quelque nature qu'elles soient. — De la prescription. — Moyen légal enseigné par le Code. — Danger des à-comptes. — Lettre de Mon Oncle. — Mauvais effet des remboursemens en argent. — Satisfaction des créanciers.

En principe, vous devez tâcher de vous faire, de tous vos créanciers, des amis qui vous aiment véritablement, et vous le prouvent en continuant de vous faire crédit. Faites en sorte qu'ils soient plus que tous autres intéressés à la conservation de vos jours, qu'ils s'inquiètent si vous avez un rhume, ne serait-il que de cerveau, et qu'ils tremblent s'il vous arrive une fluxion de poitrine.

Si par hasard vous vous avisiez de les

payer, ou seulement de leur donner un à compte en argent, vous les désintéresseriez complètement, et vous les verriez changer leur tendre sollicitude contre une profonde indifférence. S'il vous arrivait de leur faire un règlement, un billet, un engagement quelconque, rencontrant un de vos intimes amis, ou se trouvant dans un endroit où il serait question de vous, ils ne demanderaient pas seulement de vos nouvelles. L'argent que vous pourriez leur donner en fait tout à coup des êtres froids ou indifférens. Tout ce que je puis vous passer dans cette circonstance, c'est de leur promettre purement et simplement, sans désignation de terme fixe ; de cette manière vous entretiendrez chez eux ces affections douces qui font le charme de la vie, et augmentent encore le crédit qu'on peut avoir.

Il est une vérité incontestable que mon oncle a omise dans ses pensées détachées ; c'est qu'il vaut mieux être sans le sou que sans crédit.

Cependant il existe un préjugé fortement enraciné, c'est que tôt ou tard il faut finir par payer, voilà ce qui perd les *consommateurs* ; car du moment où vous payez vous n'avez plus de crédit. Commencez donc par ne jamais payer, et finissez de même, vous m'en direz de bonnes nouvelles. Si à vingt ans vous jouissez d'un crédit de 20,000 fr., et que vous suiviez toujours cette méthode, vous êtes sûr d'en avoir un de 100,000 fr., lorsque vous aurez atteint votre quarantième année.

Quoi qu'il en soit, les dettes peuvent s'acquitter ou s'amortir de huit manières différentes,

SAVOIR :

1° Par le paiement.

C'est sans contredit la façon la plus simple de les acquitter ; mais en suivant cette méthode, l'ouvrage de mon oncle devient inutile.

2° Par compensation d'une, ou plusieurs dettes, avec une, ou plusieurs autres.

Cette espèce d'amortissement, assez avantageuse au débiteur qui *raisonne*, s'appelle *embrouillage*.

3° Par la remise *volontaire* que fait le créancier.

Je ferai seulement observer que ce n'est presque jamais *volontairement*.

4° Par la confusion qui se fait des qualités de *créancier* avec celle de *débiteur* en une même personne.

Le temps et la patience sont les seules monnaies avec lesquelles cette nature de dette doive s'acquitter.

5° Par une consignation valable.

Même réflexion qu'à ma première manière.

6° Par *une fin de non-recevoir* ou *prescription* (1).

---

(1) *Fin de non-recevoir* dans cette acception signifie qu'un *débiteur* n'est pas recevable à intenter une action à son *créancier*.

La prescription est un moyen d'acquérir la propriété d'une chose par la possession, non in-

**

Cette méthode est tellement excellente, que nous lui consacrerons plus bas quelques réflexions.

7° Par la décharge que le débiteur obtient en justice.

Mauvais moyens qu'on ne doit même jamais tenter, parce qu'en supposant que vous n'obteniez pas gain de cause, la justice s'institue votre *créancière*, et vous êtes bien forcé d'en passer par où elle veut, ou à

terrompue pendant le temps accordé par la loi.
(Dict. de l'Acad.)

Par exemple, votre propriétaire néglige de réclamer de vous pendant trois termes la somme que vous pouvez lui devoir, ou plutôt vous oubliez de remplir vis-à-vis de lui, et à chaque fin de terme, cette formalité usitée. Le quatrième terme commencé, il n'a rien à vous réclamer aux termes de la loi, parce que vous le remboursez avec *la prescription*, c'est-à-dire, sans qu'il vous en coûte un sou.

Dans les hôtels garnis il y a *prescription* au bout de six mois; c'est-à-dire, que le septième commencé vous avez de droit votre quittance, et souvent votre congé en même temps; ce qui fait un double avantage.

peu près, à moins cependant que les choses
se passent en Normandie.

8° Enfin, par la mort du débiteur, toutefois après avoir été reconnu et déclaré insolvable, ou encore par celle du créancier,
s'il ne possède aucun titre écrit.

Il est à remarquer que les sept-huitièmes
de dettes contractées s'éteignent naturellement de cette manière, par la raison
plus naturelle encore que le débiteur ou
le créancier s'éteignent à leur tour après
un laps de temps voulu; cela dépend beaucoup de l'âge des uns, et de la patience des
autres.

J'ai dit tout-à-l'heure que la *prescription*
était un des moyens légaux et les plus effi-
caces pour payer ses créanciers et s'acquitter envers eux de toutes manières *sans
leur donner un sou*. Cette assertion est facile à prouver par l'article 2271 du Code
civil, livre III, titre 20, qui est la seule
monnaie que vous puissiez leur offrir, et
dont ils sont forcés de se contenter.

Ainsi, vous voulez vous loger, vous nourrir, vous instruire, et de plus, par une sollicitude toute philantropique, donner de l'occupation aux artistes et aux gens de lettres qui n'en ont guère dans ce moment, le tout, je le répète, *sans débourser un sou?* Eh bien, ne vous en faites pas faute, le propriétaire, le restaurateur, l'instituteur, le peintre et le poëte se sont payés eux-mêmes lorsqu'ils ont attendu six mois.

Vous pouvez donc aller loger à l'hôtel Meurice, déjeûner et dîner tous les jours au Palais-Royal, chez Châtelin, apprendre l'anglais ou l'allemand, faire faire votre portrait par Millet ou madame Salvator-Callaut, et adresser des vers à votre maîtresse par l'entremise d'un de nos premiers versificateurs, si vous ne savez pas les faire vous-mêmes; tout cela pour la somme de 2 fr. que coûtent les *cinq Codes*, que vous achèterez et payerez de la même manière au libraire, afin d'y étudier et d'y approfondir, à votre aise, ce sublime article 2271, qui est à lui tout seul une mine d'or, une véritable source de prospérités.

J'ai dit, au commencement de cette leçon, qu'il fallait bien se garder de jamais
donner le plus léger à compte à ses créanciers, sous peine de se voir retirer tout-à-
coup son crédit ; mon oncle prouve cette
assertion d'une manière si victorieuse, que
je crois devoir, pour en donner un exemple
frappant, le laisser parler lui-même.

« A mon retour des eaux de Plombière
» (m'écrivait-il), je vécus durant toute une
» année chez un vertueux restaurateur du
» faubourg Saint-Germain, qui se conten-
» tait de porter tous mes repas en compte.
» Après plus de trois cent soixante-cinq jours
» d'assiduité, étant déjà son débiteur de près
» de 1,400 fr., je tombai malade tout-à-
» coup. Mais combien fut grande mon émo-
» tion lorsque je vis cet honnête traiteur en-
» trer chez moi le lendemain matin, accom-
» pagné de son médecin, avantageusement
» connu dans la capitale par les cures mer-
» veilleuses qu'il y avait opérées sans sang-
» sues ni lavemens ! Mon Amphytrion me
» serre affectueusement la main....... Une

» tendre inquiétude se peignait dans tous
» ses regards.

» Je me laisse tâter le pouls. Il demande à
» son esculape si ma maladie devait être sé-
» rieuse, et, sur sa réponse négative, il eut
» beaucoup de peine à le tranquilliser. Pour
» m'acquitter envers le restaurateur, autant
» que je le pouvais, et toujours d'après la
» méthode dont j'ai tâché de lui faire entrer
» les premiers principes dans la tête, je con-
» sentis à lui montrer ma langue qui, n'étant
» pas mauvaise, annonçait un estomac sain.

» Le docteur ayant déclaré que la diette
» prolongerait ma faiblesse, et que j'avais,
» au contraire, besoin de suivre un régime
» réconfortant, quelle fut ma reconnaissance,
» lorsque le soir du même jour on vint me
» présenter, de la part de mon sensible res-
» taurateur, un bouillon, ou plutôt une
» quintessence de jus de viande; et pendant
» huit mortels jours que dura ma maladie,
» il me destina tous les matins les prémices
» de son vaste pot-au-feu; du moins, si j'en
» dois croire les yeux d'or qui se balançaient

»à sa surface. Il accompagnait cela d'une
»paire de cotelettes panées, qui n'auraient
»pas été indignes d'une mâchoire éligible,
»et d'un flacon d'un bordeaux généreux.

  »Ce régime me remit bientôt sur pieds :
»aussi ma reconnaissance me conduisit-elle
»d'abord au restaurant de mon second père
»nourricier, qui fut enchanté de me voir
»attablé. Là, et en sa présence, je fis le pre-
»mier essai de mes forces sur un *filet de*
»*chevreuil, sauté au vin de Madère,* et je
»les éprouvai tout-à-fait sur une *moitié de*
»*poulet à la marengo;* une bouteille de *Mer-*
»*curay* me donna du courage, entre le *ches-*
»*ter et le moka;* ma victoire fut complète,
»et je la couronnai par un verre de *maraskin.*

  »Si tu avais vu avec quelle satisfaction ce
»véritable ami admirait ces mouvemens ré-
»pétés du poignet et du coude, comme il
»applaudissait à l'élasticité de la mâchoire
»inférieure, à cette longue haleine, gage de
»son unique sécurité....

  »Dès ce moment mon crédit fut illimité,

» et mon *producteur* aux anges!.... Impos-
» sible d'être plus enchanté.»

Ce fragment de lettre de mon oncle prouve assez le résultat d'une dette constamment entretenue. Le plus léger à-compte aurait tout gâté.

Mais s'il fallait enfin citer un exemple fameux du mauvais effet des remboursemens, je rappellerais ici le projet de loi que la chambre des députés avait adopté, et que la chambre des pairs, dans la haute sagesse dont elle a donné des preuves si éclatantes depuis, rejeta aux acclamations de toute la France. Elle n'ignorait pas combien les remboursemens, de quelque nature qu'ils soient, sont désastreux. Rembourser un créancier, c'est en faire une statue, c'est paralyser tous ces moyens, c'est tuer le commerce.

Des Créanciers.

Différentes sortes de Créanciers. — Tous ne se res-
semblent pas. — A qui appartient-il de prendre le
titre de créancier? — En vertu de quels droits? —
Permission dont peuvent user les créanciers. — Ce
qui leur est défendu. — Coutumes diverses. —
Terre classique des créanciers.

PARMI les créanciers que l'on peut avoir,
il s'en trouve toujours quelques-uns, gens
débonnaires et sensibles, qui finissent quelquefois par s'attacher au débiteur qui ne
les a jamais payés. On en a vu devenir son
ami intime, s'affecter des embarras et des
soucis où il le voyait plongé, et pleurer
de tendresse aux témoignages de reconnaissance qu'il lui prodiguait. C'est un genre
d'hommes excellens. Une fois qu'ils vous
ont pris en affection, il n'y a pas moyen de

6

vous en débarrasser ; c'est un changement qui s'opère dans le moral : ces sortes de créanciers, fort rares d'ailleurs, ont pris, de vous recevoir chez eux, ou d'aller vous voir, une telle habitude, qu'il manquerait quelque chose à leur bien être, s'ils restaient vingt-quatre heures sans pouvoir vous parler : votre figure semble leur faire nécessité ; mais ne vous y fiez pas, tous ne sont pas de même, et, pour ma part, j'en connais bon nombre qui n'ont pas des idées toutes aussi philantropiques.

Avant tout, apprenez donc ce que c'est qu'un créancier proprement dit, et sachez, comme un naturaliste, distinguer les classes, les genres et les espèces.

On appelle *créancier* l'individu auquel il est dû quelque chose par un autre, comme une somme d'argent, une rente, des denrées, et en général, toutes pièces de fournitures que ce puisse être, à quelque titre et pour quelque cause que ce soit. Cependant, pour pouvoir se dire véritablement créancier de quelqu'un, il faut que celui qu'on prétend être son débiteur, ait été réellement obligé, et ce, naturellement.

On devient créancier en vertu d'un contrat, d'un billet, d'une reconnaissance, d'un jugement, d'un délit, etc., etc. : *Creditorum appellatione* (dit la loi 11 , ff. DE VERS. OBLIG.) *non hi tantum accipientur qui pecuniam crediderunt, sedamus quibus ex quâlibet causâ debetur.*

Tous *créanciers* sont *chyrographaires* (1), et les uns ou les autres sont *ordinaires* ou *privilégiés.*

Un *créancier* peut avoir plusieurs actions pour la même créance, savoir : une action personnelle contre l'obligé ou ses héritiers ; une action réelle, s'il s'agit d'une créance foncière ; une action hypothécaire contre les tiers détenteurs d'héritage hypothéqué, à la dette.

Il est permis au créancier, pour se procurer son paiement, de cumuler toutes les poursuites qu'il a droit d'exercer, comme

_____

(1) C'est-à-dire, hypothécaires.

de faire des saisies-oppositions, etc., etc,
pourvu qu'il s'agisse au moins d'une somme
de plus de 100 fr., et d'user aussi de la contrainte par corps si le titre de sa créance
l'y autorise (1).

Mais il n'est point permis au créancier de
se mettre de sa propre autorité en possession des biens, meubles ou immeubles, de
son débiteur; il faut qu'il les fasse saisir
d'abord, puis vendre après, le tout *par autorité de justice*. La raison en est que le
créancier n'a aucun droit dans la chose qui
appartient à son débiteur; il n'a pas sur
cette chose, ce que les jurisconsultes appel-
lent *jus in re*, il n'a droit qu'à la chose
jus ad rem; c'est-à-dire qu'il n'a que la puissance de poursuivre son débiteur ou ses
successeurs à le payer ou à lui restituer la
dite chose.

On ne peut contraindre un créancier à
morceler sa dette, c'est-à-dire à recevoir

_____

(1) *Voyez* ma Leçon, qui traite exclusivement de
la contrainte par corps.

une partie de ce qui lui est dû, ni de recevoir en paiement une chose, pour une autre, ni d'accepter une délégation et de recevoir son paiement dans un autre lieu que celui où il doit être fait.

Lorsque plusieurs prêtent conjointement quelque chose, chacun d'eux n'est censé créancier que de sa part personnelle, à moins qu'on n'ait expressément stipulé qu'ils seront tous créanciers solidaires, et que chacun d'eux pourra seul, pour tous les autres, exiger la totalité de la dette.

La qualité de créancier est un moyen de reproche contre la déposition d'un témoin : ce serait aussi un moyen de récusation contre un arbitre et contre un juge.

Il faut encore remarquer ici quelques usages singuliers qui se pratiquaient autrefois par rapport au créancier.

A Bourges un créancier pouvait se saisir des effets de sa caution et les retenir pour gages sans la permission du *prévôt* ou du *voyer* (1).

(1) *Le prévôt* était autrefois un juge royal qui con-

***

Tous les bourgeois de Chartres jouissaient des mêmes priviléges.

En poursuivant le paiement de sa dette à Orléans, le créancier ne payait aucun droit, se considérant comme étranger.

En Normandie c'était tout le contraire ; mais il était en quelque sorte plus difficile à la justice de se faire payer de ses droits par un créancier que de faire payer un créancier par son débiteur. On sait au surplus que de tout temps la Normandie a été la terre natale et classique et des débiteurs et des créanciers.

naissait des causes entre les habitans privilégiés, et ceux qui ne l'étaient pas, et jugeait s'il fallait qu'elles fussent appelées au parlement, ou non.

Les *voyers* étaient des officiers préposés à la police des chemises à la campagne et à la ville ; cette charge existe toujours sous la même qualification ; mais ils ont chacun des attributions spéciales.

QUATRIÈME LEÇON.

Des Débiteurs.

L'Alexandre des Débiteurs. — Qu'est-ce qu'un débiteur? — Droits et prérogatives accordés aux débiteurs. — Coutumes juives, indiennes, orientales et françaises. — Lois diverses concernant les débiteurs. — Usages reçus.

Mon oncle a été très-lié avec un débiteur célèbre que nous connaissons tous, qui a dû et doit encore plusieurs millions. C'est un de ces gaillards dont aucun créancier ne peut se vanter d'avoir su jamais tirer un sou; lui tout au contraire roûle sur l'or et l'argent; il a fait des fournitures aux divers gouvernemens de l'Europe, a avancé des capitaux aux monarques qui n'en avaient pas; car la classe des honnêtes gens sans argent est immense, et dans ce dernier temps il a gagné, dans une seule campagne, jusqu'à 1200 francs par heure. **Il est malheureux** pour lui que cet état de choses n'ait duré que trois mois.

Cet individu est parvenu à s'isoler tellement des lois et ordonnances de commerce, qu'il est insaisissable dans sa personne comme dans ses écus. Il a à son service des mannequins et des hommes de paille, et n'a pris une femme que pour en faire un prête-nom. Faut-il recevoir, prendre, accaparer, soumissionner même? Le gouvernement le trouve toujours sous sa main en chair et en os. Faut-il payer? Il n'est plus qu'une vapeur ou une chimère du genre de celles que poursuivent bon nombre de romantiques qui n'ont rien de commun avec ce type des débiteurs.

Cependant il n'est pas sans avoir été visiter l'utile établissement si honorablement mentionné dans ma dixième leçon; mais on a prétendu que c'était simplement pour la forme et pour prendre connaissance des lieux.

Malheureusement il n'existe que peu de débiteurs de cette trempe, et tous les mal-

heureux consommateurs, pour lesquels j'é-
cris, sont loin d'avoir les moyens nécessaires pour pouvoir opérer de même.

Or, il faut ici que j'explique ce que c'est
qu'un *débiteur*, et quels sont les cas où l'on
peut être considéré comme tel.

L'on appelle débiteur celui qui doit quelque chose à un autre.

Le *débiteur* est appelé dans les lois romaines *debitor* ou *reus debendi*, *reus pro-
mittendi* et quelquefois *reus* simplement ;
mais il faut prendre garde que ce mot *reus*,
quand il est seul ou isolé, signifie quelquefois le coupable ou l'accusé, c'est-à-
dire le *débiteur* ou le *créancier*.

L'Écriture défend au *créancier* de vexer
son *débiteur* et de l'opprimer soit par des
usures, soit par de *mauvaises paroles* (1).

Ce précepte a cependant été constamment mal pratiqué chez les nations tant
anciennes que modernes; chez les Juifs
par exemple le *créancier* pouvait, faute

_____

(1) Exod. 22, vers. 25.

de paiement, faire emprisonner son *débiteur* et même faire vendre, lui, sa femme et ses enfans.

Le débiteur devenait en ce cas l'esclave de son créancier. En Turquie les choses étaient encore pires : un créancier musulman avait le droit de faire empaler son débiteur quoique musulman comme lui, après le temps de la promesse de paiement expiré ; si le débiteur était ou Grec, ou Juif ; Chrétien , catholique Romain ; à plus fortes raisons, il pouvait le faire empaler *sans savon* , en ayant soin toutefois d'en faire sa déclaration aux autorités compétentes (1).

La loi des *douze tables* était encore plus sévère, car elle permettait de déchirer en pièces les *débiteurs*, et d'en distribuer les membres aux créanciers, par forme de remboursement au marc le franc. Mais s'il n'y avait qu'un créancier, il ne pouvait ôter la vie à son débiteur ; il pouvait seulement le

(1) Voyez l'*Histoire de l'Empire ottoman*.

faire vendre aux enchères sur le marché public.

Dans l'Inde les créanciers n'étaient pas si mal élevés; ils se contentaient de coucher avec la femme ou une des filles de son débiteur (à son choix); mais il ne pouvait le faire qu'une seule fois (1). Un coup de tête de cette nature coûtait souvent fort cher aux créanciers amoureux. C'est sans doute de cet usage que nous est venu le proverbe : *se payer sur la bête.*

Le pouvoir de rendre son débiteur insolvable, et celui de le retenir en servitude dans sa maison , fut ôté aux créanciers par le tribun Petilius, qui fit ordonner que le débiteur ne pourrait plus être adjugé comme esclave au créancier. Cette loi fut renouvelée et amplifiée 700 ans après, par l'empereur Dioclétien, qui prohiba totalement ce genre de servitude temporelle appelée *nexus* , et dont il est parlé dans la loi *ob œs*

(1) *Hist. civil et commerc. des Indes;* par le traducteur *des Voyages d'Arthur-Youngh.*

alienum, codice de obligat. Les créanciers
depuis l'an 428 de Rome ont seulement eu
la faculté de retenir leurs *débiteurs* dans une
prison publique, jusqu'à ce qu'ils eussent
payé. Tout ceci vient à l'appui de l'assertion de mon respectable oncle, qui préten-
dait que les créanciers étaient aussi anciens
que le monde, et que du moment où il y
eut deux hommes sur la terre, l'un des deux
devint nécessairement créancier de l'autre.

Jules César, touché de commisération
pour les débiteurs malheureux, leur ac-
corda le bénéfice de cession, afin qu'ils
pussent se tirer de captivité en abandonnant
tous leurs biens, et qu'ils ne perdissent pas
toute espérance de se rétablir à l'avenir.
Ainsi la peine de mort et de servitude étant
abolie, il ne resta plus contre le débiteur
que la *contrainte par corps*, et dieu sait si
depuis, les créanciers de ce temps là, jusqu'aux créanciers de ce temps-ci, ces Messieurs ont largement usé de la loi de Jules
César, qui paraîtrait encore être en vigueur
aujourd'hui plus que jamais, et voilà comme

les bonnes institutions s'éteignent promptement, tandis que les mauvaises semblent ressusciter.

Cependant chez les Gaulois, les gens du peuple qui ne pouvaient point payer leurs dettes se donnaient en servitude, c'est ce que les Latins appelaient *addicti homines*. Tandis qu'à Rome le débiteur qui se trouvait hors d'état de payer, obtenait facilement un délai de deux ans, et même jusqu'à un terme de cinq années. En France, suivant l'ordonnance de 1669, les juges, même souverains, ne pouvaient donner ni répit, ni délai de payer, si ce n'était en vertu de lettre du grand sceau, appelées *lettres de répit*. A Rome encore, les qualités de créancier et de débiteur réunies dans une même personne, opéraient une confusion d'action qui amortissait la dette de quelque côté qu'elle se trouvât exister, ce que mon oncle définit si bien sous la qualification *d'embrouillage*.

Enfin l'on trouve dans l'*Histoire générale des voyages*, quantité d'usages singuliers

7

sur la manière dont on traite les débiteurs dans plusieurs gouvernemens. On rapporte que dans la Corée, le créancier a droit de donner chaque jour quinze coups de bâton sur les os des jambes du débiteur qui n'a pas payé à l'échéance, et que les parens sont tenus de payer les dettes de leurs alliés. En France les choses se passent à l'inverse, car il n'est pas rare de voir les créanciers recevoir des coups de bâton de la part des débiteurs, et les parens renier les dettes, et par conséquent ne les pas payer, même de leurs plus proches alliés.

CINQUIÈME LEÇON.

Qualités nécessaires

AU CONSOMMATEUR QUEL QU'IL SOIT ET SANS ARGENT, POUR METTRE A PROFIT LES PRÉCEPTES ENSEIGNÉS PAR MON ONCLE, ET S'ACQUITTER AVEC SES CRÉANCIERS.

Qualités physiques et morales. — Leur nombre et leur nature.—De la santé et de l'à-plomb. — Réflexions. — Exemples faciles à mettre en pratique.

Un consommateur sans argent, qui a des dettes et des sentimens, et, par-dessus tout cela, le vif désir de satisfaire ses créanciers, doit, avant tout, être richement doté par la nature, puisqu'il ne l'a pas été de même par la fortune.

Avant que de rien entreprendre, il devra se soumettre à un examen sévère de toute sa personne. Cet examen devra rouler sur deux points principaux qui sont :

1° La connaissance parfaite de ses qualités physiques.

2° *Idem* de ses qualités morales.

Cet examen de la plus grande importance exigera, de sa part, la plus sévère impartialité, car, s'il n'y prend garde, la moindre indulgence pourrait le conduire à de funestes conséquences, ou, qui pis serait, lui faire prendre la route de Sainte - Pélagie, où il irait tout à son aise repasser ses premiers examens. Ainsi donc, qu'il ne se délivre pas trop légèrement un diplôme.

Je crois donc devoir lui indiquer, pour les *qualités physiques*, dix-huit de ces mêmes qualités sur lesquelles il ne saurait trop s'appesantir ; et, pour les *qualités morales*, huit *seulement* qu'il ne saurait jamais trop perfectionner, si déjà elles ne sont arrivées au degré voulu.

Les qualités physiques se composent de SAVOIR :

1. Une santé de fer, (c'est une des plus importantes, et j'en dirai quelques mots ci-après).

2. De vingt - cinq à quarante-cinq ans d'âge, (terme moyen 36 ans).

3. Taille de cinq pieds cinq à sept pouces.

4. Tête régulière.

5. Yeux vifs et perçans, (noirs ou bleus).

6. Nez fin.

7. Bouche grande et ornée de ses trente-deux dents (toujours bien entretenues).

8. Cheveux courts, (noirs, chatains ou blonds, mais noirs de préférence si l'on peut).

9. Favoris épais.

10. Les épaules de dix-huit pouces de diamètre.

11. Reins solides.

12. Bras longs et vigoureux.

13. Poigne d'airain, (les ongles toujours courts).

14. Cuisses rebondies.

15. Jarrets de cerf.

16. Mollets de quatorze pouces de circonférence.

17. Pieds légers.

18. Enfin une force d'Hercule.

J'ai dit tout-à-l'heure que la santé était une des qualités physiques les plus nécessaires : c'est la vérité ; car, si vous pou-

vez atteindre l'âge de soixante-dix ou qua-
tre-vingts, ou ce qui est le *nec plus ultra* de
quatre-vingt dix ans, il y a quarante-cinq
(qui est le terme moyen) à parier contre un,
que vous enterrerez les quarante-quatre qua-
rante-cinquièmes de vos créanciers. Or, j'ai
dit et prouvé que la mort d'un créancier
était un des moyens d'amortissement natu-
rels indiqués par mon oncle, et certes, votre
créance ainsi acquittée, le créancier ne peut
vous en vouloir ; car de même que Dieu ne
veut pas la mort du pécheur, un débiteur ne
peut désirer celle de son créancier, attendu
que d'après le principe «moins on a de créanciers, moins on a de ressources. »

Ce sont là, j'espère, de bonnes et solides
qualités, des qualités tout-à-fait *privilégiées*,
et je dis privilégiées parce que, pouvant les
acquérir facilement par l'exercice et un régime y relatif, on peut s'en défaire de même.
Je défie M. le ministre des finances de
vous assujettir à un droit d'enregistrement.
En un mot ces avantages qui sont de vé-
ritables propriétés sont de nature *insaisis-*

sable par les créanciers, la nature seule pourrait mettre opposition à leur revenu.

Quant aux qualités morales, elles peuvent se ranger à peu de chose près dans la même catégorie. J'en reconnais huit indispensables et qui doivent se classer ainsi;

SAVOIR :

1. De l'aplomb (c'est la plus importante de toutes : je le prouverai ci-après).

2. Une présence d'esprit continuelle.

3. Une mémoire de créancier.

4. Le sang-froid d'un de nos anciens grenadiers.

5. Un courage à toutes épreuves (ce qui est à peu de chose près la même chose sauf les nuances).

6. Une patience de garde-malade.

7. Une adresse sans exemple à tous les jeux ou à tous les exercices; (qualité extrêmement importante et pour la possession de laquelle il est bon de prendre des leçons des grands maîtres pour pouvoir en donner à son tour lorsque l'occasion s'en présente).

8. Enfin, une faim de loup (cette dernière qualité morale n'est réputée telle que depuis très-peu de temps ; mais enfin, les autorités qui l'ont prouvée journellement ne laissent à cet égard aucun doute, surtout depuis qu'une d'elles a démontré, clair comme le jour, que : *les grandes pensées viennent de l'estomac.*

J'ai dit tout-à-l'heure que l'aplomb était, de toutes les qualités morales, la plus importante : c'est plus qu'une qualité, c'en est dix, vingt, cent, mille, etc., c'est même une vertu. Avec de l'aplomb seul, on peut facilement remplacer les six qualités morales indiquées.

En effet, qu'est-ce que la présence d'esprit ? de l'aplomb dans les idées. Qu'est-ce que la mémoire ? de l'aplomb dans les souvenirs. Qu'est-ce que le sang-froid ? de l'aplomb avant le danger. Qu'est-ce que le courage ? de l'aplomb pendant l'action. Qu'est-ce que la patience ? de l'aplomb dans les désirs. Qu'est-ce que de l'adresse ? encore une espèce d'aplomb dans les gestes et les mou-

vemens. Il n'y a donc que la huitième qualité morale qui ne puisse se remplacer par
de l'aplomb, c'est *la faim*. Au fait, un estomac vide ne peut entreprendre ni soutenir
de grandes choses.

L'aplomb consiste principalement à laisser sans réplique tout ce qui ressemble à un
raisonnement ou à une question, à nier
l'évidence, à soutenir l'impossible, en un
mot à donner à tous les faits et à tout ce qui
a le caractère de preuve un démenti robuste
et laconique. *Non, si; cela est, cela n'est
pas; c'est impossible, c'est possible;* tel est
le court glossaire du langage de l'homme
qui a de l'aplomb.

EXEMPLES.

Un premier créancier va vous soutenir
que vous n'avez pas le sou pour le payer;
n'allez pas vous époumoner pour lui prouver le contraire? répondez tout simplement : *c'est possible*......, et votre homme
reste muet...... Il est content.

Un second créancier, auquel vous avez

promis de rendre une somme de...... qu'il
vous a prêtée, se hasarde à vous dire que
vous lui avez manqué de parole ; n'allez pas
lui raconter pourquoi ou comment vous
vous trouvez embarrassé? répliquez-lui tout
bonnement : *cela se peut...* Il n'hésite pas....
donc qu'il est satisfait.

Un troisième créancier, (votre propriétaire, par exemple,) vient vous faire une
visite, en profitant de la circonstance pour
vous apporter sa quittance; regardez-le
avec un air indécis, accompagné d'un *c'est
impossible !* Il vous soutient le contraire, sa
boîte à tabac et à almanach à la main. Un
homme sans aplomb querellerait sur le taux
du loyer ou les jours de grâce, un homme
qui en a, répond hardiment : *Mais non !* Si
le propriétaire est mal élevé, il se fâche et
menace de faire vendre les meubles, vous
lui objectez un *je ne le crois pas !* il se vexe
et instrumente; mais les meubles ne sont
pas en votre nom, il l'apprend, se vexe
de nouveau, et cette fois vous avez double-
ment raison en lui répondant : *C'est pos-*

sible..... Il n'a plus rien à dire, et s'en va ; mais la question de savoir si dans cette circonstance il est satisfait ou non, est encore indécise, cela dépend de l'acabie du propriétaire.

Enfin, avec de l'aplomb, vous commandez la confiance, vous passez pour un garçon ferme et prudent. Cependant n'allez pas croire que cette sublime qualité puisse vous empêcher d'aller à Sainte-Pélagie, parce que si l'aplomb est permis aux débiteurs, il n'est pas défendu aux créanciers ; fussiez-vous logé *rue de la Clef,* il est de votre dignité et de votre politique de ne répondre à celui qui vous montrerait les verroux et les grilles de votre modeste cellule, que..... *C'est possible.*

Telles sont les *dix-huit qualités physiques* et les *huit qualités morales,* en tout vingt-six qualités, qui vous sont absolument nécessaires pour pouvoir vous acquitter avec vos créanciers d'une manière satisfaisante sans leur donner un sou ; si vous ne les possédiez pas toutes les vingt-six intégrale-

SIXIÈME LEÇON.

Dispositions générales.

Vérité incontestable. — Choix d'un quartier. — Du logement. — Des Portiers. — Du Propriétaire. — Du mobilier. — Connaissances qu'il faut avoir en physique. — Des Domestiques. — D'une Femme de ménage. — Conseils à suivre.

Quiconque n'a pas d'argent est bien forcé de vivre à crédit ; s'il n'en a pas il faut qu'il s'en fasse, et quand il s'en sera fait, il en aura beaucoup plus qu'il ne lui en faudra pour ses consommations habituelles.

Voilà une idée qui sans doute va étonner un grand nombre de mes lecteurs déjà endettés, ou auxquels on doit beaucoup depuis long-temps, mais ce n'est pas ma faute s'ils n'entendent rien à la profession de *producteurs* et de *consommateurs*.

Pour arriver parfaitement au but que mon oncle a proposé, il faut, suivant son

8

dicton, *savoir raisonner son affaire.* Or,
qu'est-ce que savoir raisonner son affaire,
c'est savoir se loger, se nourrir, se vêtir,
se divertir, en un mot *s'entretenir* sans rien
devoir ni sans débourser un sou.

Parmi ces choses il en est de plus ou moins
nécessaires, de plus ou moins indispensables; en suivant l'ordre de leur nécessité,
nous commencerons donc par la première
de toutes, qui est le logement.

Le choix du quartier de la capitale, que
vous devez prendre pour y élire domicile,
n'est pas une chose de peu d'importance,
et vous devez le choisir à un point tel que
sa situation établisse entre vous et vos
créanciers une distance de deux lieues au
moins; or, comme vos créanciers peuvent
se trouver disséminés dans chacun des
douze arrondissemens de Paris, vous ferez
bien de vous loger (si cela vous est possible) *extra muros*, c'est-à-dire au-delà de
la barrière, en choisissant celle qui aboutit
au quartier où vous avez le moins de créanciers.

Vous devrez faire connaissance avec le portier chargé de la garde de la maison que vous avez l'intention d'occuper, même avant d'y avoir arrêté un appartement. Peu de consommateurs pourraient se faire une idée précise de l'énorme influence que les portiers exercent sur nos destinées, puisqu'ils peuvent nous nuire ou nous servir, selon leur caprice ou le degré de capacité dont ils sont doués, de huit manières différentes et de cette manière.

1° Dire que nous sommes chez nous, lorsque nous n'y sommes pas.

2° Dire que nous ne sommes pas chez nous lorsque nous y sommes; (ce qui est quelquefois pis.)

3° Refuser les lettres et paquets qui peuvent nous être adressés.

4° Recevoir les assignations et autres correspondances de même genre, lorsqu'ils pourraient s'en dispenser.

5° Inspecter notre conduite et en tirer des conséquences.

6° Faire manquer une affaire majeure,

par la manière dont ils auront répondu lorsqu'on se sera présenté chez eux, relativement au *chapitre des renseignemens*.

7° Ne pas vouloir se réveiller le matin pour tirer le cordon, lorsque nos affaires ou l'état de notre santé nous forcent à prendre l'air cinq minutes avant le jour.

8° Enfin ne pas ouvrir le soir lorsque l'on rentre un peu trop tard, quoiqu'on ait frappé dix fois et qu'il vous ait parfaitement entendu, ce qui entraîne une suite d'inconvéniens incalculables.

En effet, de quels contresens ne voyons-nous pas chaque jour un portier se rendre coupable ! ses propos peuvent changer une réputation du tout au tout. Seriez-vous, dans le monde, un modèle animé de l'Apollon du Belvéder ; chez le portier, vous êtes un nouvel Esope. Si le nom de quelque locataire finit par une terminaison semblable au vôtre, il envoie à celui-ci l'argent que vous avez emprunté et que l'on a déposé chez lui pour vous ; il envoie à celui-là un billet doux qui vous était destiné,

et le voisin va au rendez-vous à votre place.
Vient-il un créancier, il se gardera bien de
dire que vous venez de sortir à l'instant.
Votre maîtresse est-elle parvenue à s'échap-
per un moment pour venir vous trouver, le
portier prétend que vous n'êtes pas ren-
tré la veille ; enfin la négation *non* au lieu
de l'affirmation *oui*, et *vice versà* vous êtes
un homme perdu.

Sachez donc plaire au portier avant
même d'avoir fait votre première visite
au propriétaire, tâchez sur-tout de vous
en faire un ami, et de vous mettre bien
avec sa femme, s'il en a une qui ne soit
ni trop vieille, ni trop sale, ni trop ba-
varde, ni trop curieuse, ce qui est très-
rare, je l'avoue.

Mon oncle, qui avait prévu tous ces cas,
conseille de prendre, de préférence, un logement dans une maison qui n'a pas de
portier. Cette circonstance offre souvent
de grands avantages, mais aussi elle n'est
pas sans inconvéniens. C'est à vous d'examiner attentivement votre position et de

voir quel est celui de ces deux cas qui
peut vous offrir le plus de ressources.

Quant au choix du logement, c'est encore une partie non moins essentielle.
Jamais d'appartement au-dessous du quatrième au-dessus de l'entresol, et toujours
sur le devant; de là, vous pouvez, en vous
mettant à la fenêtre, dominer sur tout
ce qui vous entoure. Un créancier s'est-il
décidé à s'acheminer vers votre demeure,
il vous apparaît d'un demi quart de lieue,
comme un point sur l'horizon, déjà vous
savez à qui vous avez affaire, bientôt il
grossit en s'avançant, vous l'avez reconnu,
vous avez encore cinq minutes pour déci-
der de quelle manière vous devez en agir
à son égard. Une bonne lorgnette, une longue vue deviennent, dans cette circonstance,
un meuble de la première utilité, puisqu'il
vous fait gagner du temps en mettant à
votre disposition dix minutes de plus pour
réfléchir.

Mon oncle avoue qu'il faillit une seule
fois être conduit à Sainte-Pélagie (encore
était-ce à la place d'un autre) parce qu'il

avait commis la fatale imprudence de se
loger, au premier, sur le derrière, dans
une maison du quartier du Palais-Royal; il
ajoute très-judicieusement qu'une lieue et
demie de chemin, et cent trente-huit
marches à monter affaiblissent prodigieu-
sement les forces et la mauvaise humeur
d'un créancier. En effet, arrivé à votre
porte, épuisé, rendu, ce n'est plus de l'argent qu'il vous demande, c'est une chaise
et un verre d'eau. On sait que l'un et l'autre
sont faciles à procurer même coup sur
coup.

Quant au mobilier, il est un préjugé
généralement répandu parmi la plupart
des consommateurs, c'est qu'il faut qu'ils
aient un entourage somptueux pour en im-
poser à leurs *producteurs* et leur inspirer
de la confiance.

Cette idée était bonne du temps de
Charles-Martel et de Pépin-le-Bref, où un
siège sur lequel on pouvait s'asseoir passait pour un chef-d'œuvre d'industrie; mais
maintenant que l'on fait des lits sur les-

quels on peut dormir debout sans se coucher, tout cela n'en impose plus, et ce luxe n'est propre qu'à étonner les enfans.

Ainsi donc votre mobilier ne doit être composé que de très-peu de choses, mais de choses originales et propres à fixer l'attention de ceux qui seraient à même de l'examiner en attendant mieux.

Meublez-vous par la mécanique, éclairez-vous par le gaz hydrogène, et défendez-vous de l'approche de l'ennemi par la physique.

Mon oncle a fait cet essai avec un rare bonheur sur ses créanciers. Il avait une machine électrique d'une assez jolie dimension, et observait toujours de la tenir abondamment chargée du mystérieux fluide ; il l'avait mise en communication avec la clef de sa porte d'entrée par un fil conducteur ; de l'aspect de cette clef constamment sur sa porte, il en retirait un sentiment de confiance sans bornes, parce que lorsqu'un créancier impatient venait à mettre la main dessus pour entrer chez lui, il recevait une commotion violente qui le livrait en proie à des senti-

mens confus d'engourdissement et de sor-
cellerie ; il était rare qu'un créancier, quelque brave ou quelqu'entêté qu'il fût, se
frottât une seconde fois à venir prendre
une leçon de physique expérimentale, bien
qu'il lui eût expliqué très-clairement les
effets résultant des causes, et les causes résultant des effets, en physique.

Quant au choix d'un domestique, c'est
une affaire trop délicate dans une position
semblable en tout point à celle où je souhaite
que vous vous trouviez, pour parvenir sûre-
ment à votre but ; il vaut infiniment mieux
se servir soi-même. Je ne vous engagerai
donc pas non plus à prendre une femme de
ménage, la portière ne la verrait que d'un
très-mauvais œil, et on sait ce que c'est que
l'œil d'une portière mécontente ; vous vous
ressentiriez nécessairement du contre-coup
de sa mauvaise humeur. Si vous ne pouvez
vous astreindre à ces soins du ménage,
dont un consommateur habitué à toutes ses
aises ne peut se passer, faites d'une pierre
deux coups, et choisissez de préférence votre

portière ou sa fille si elle est jeune et adepte,
parce que son père et sa mère se ressenti-
ront, à leur tour, du contre-coup de vos gé-
nérosités et de vos bonnes grâces à l'égard
de leur fille. En elle, vous trouverez un dé-
fenseur officieux et un puissant auxiliaire
pour repousser les invasions de la gent
créancière.

SEPTIÈME LEÇON.

Manière de vivre.

Dicton de mon Oncle. — Cas que l'on doit toujours prévoir. — Principe invariable. — Fournisseurs de tous genres auxquels on doit accorder la préférence. — Craintes mal fondées. — Emploi de la journée d'un consommateur qui sait raisonner son affaire. — Biens immenses occasionnés au commerce. — Résultts.

J'AI souvent entendu dire à mon oncle qu'il fallait bien se garder de dépenser la veille tout l'argent qu'on pouvait avoir en sa possession, quelque certitude que l'on ait d'en avoir le lendemain, parce qu'il arrivait presque toujours, par des *causes fortuites et indépendantes de la volonté* du consommateur, causes que l'on ne pouvait ni prévoir ni empêcher, que ces rentrées étaient ajournées, ou ne rentraient pas du tout ; or personne ne sait mieux que moi combien mon oncle avait raison.

Supposons donc que ce cas arrive, et voyons quels sont les moyens de salut à y opposer : ils reposent sur un seul principe dont vous ne devez, dans aucun cas, comme sous aucun prétexte vous écarter ; ce grand principe, le voilà !

Vous devrez toujours vous fournir de préférence chez les pourvoyeurs riches. 1° Parce qu'ils ont tout de première qualité. 2° Parce que vous devez mettre en pratique le principe tant de fois répété, que ces individus ayant trop, et vous pas assez, c'est un véritable service à leur rendre, et à vous aussi, que de chercher à rétablir l'équilibre, et personne plus que vous ne doit y être intéressé. 3° Parce que le vide que vous opèrerez dans leurs magasins, restera presqu'inaperçu ; et quand même ce vide sera bientôt comblé par la clientelle payante, que votre consommation saura y amener.

En conséquence, vous ferez choix d'un propriétaire chez lequel tout puisse abon-

der et qui n'attende pas après vos cent écus
de loyer pour pouvoir aller payer ses impositions. Il est à la connaissance de tous les
locataires qu'il existe des propriétaires riches
dans tous les quartiers de Paris, ainsi donc
cela vous sera très-facile.

Vous déjeunerez au Palais-Royal, et dî-
nerez sur le boulevard des Italiens. Vous allez
croire peut-être qu'il faut payer dans ces
maisons-là; point du tout, leur prospérité
ne se fonde que sur les couverts ou plutôt sur
les convives qui ne payent pas, parce qu'ils
savent choisir leurs mets, parce qu'ils savent
allécher ceux qui ne savent pas se comman-
der un dîner, mais qui savent le payer, parce
qu'enfin ils consomment beaucoup plus
que les autres. Chez les restaurateurs à 21 ou
32 s. on ne fait pas de crédit parce que tout le
monde paye; mais dans les grands établissemens dont je vous parle, on a senti tout ce
qu'un consommateur qui peut ne pas payer
un dîner de 20 fr. qui en rapporte trente de
10 fr. qui sont payés, vaut à son producteur.

Je connais de grands restaurateurs qui

9

vous payeraient volontiers pour que vous vous tinssiez à leur table toute la journée, appelant les garçons (toujours par leurs noms de baptême pour se donner un air d'habitué), demandant du champagne, faisant mousser leur vin et leur réputation. Votre figure opère, sur l'appétit paresseux ou économique des passans, l'effet d'une glace avant le dîner, et ils sont saisis d'une faim *engloutissante.*

Quant à vous, après avoir pris tout ce qu'il est possible de prendre, vous vous levez, et portant négligemment votre main au bouton doré de votre habit, comme pour chercher votre bourse dans la poche de votre gilet, vous en tirez un cure-dents; aussitôt le maître de la maison vous fait un signe de tête respectueux et reconnaissant tout à la fois, pour vous épargner un soin qu'il considérerait comme un affront; vous adressez en passant un petit salut et un coup-d'œil à la dame du comptoir, et la grâce de ceux qu'elle vous rend, indique assez qu'elle se croit encore trop payée par l'excellent appétit dont vous avez donné un exemple, aussi bien soutenu qu'imité.

Plaisanterie à part, il est de fait que les premiers restaurateurs de la capitale comptent par jour une demi douzaine de consommateurs de cette force sur les principes.

Vous ne vous habillerez pas autre part que chez Bardes, parce que ce gaillard-là, qui habillerait toute l'armée française, en vingt-quatre heures, sur la parole de M. le ministre de la guerre, peut bien vous faire un habit, deux pantalons, quatre gilets, sans que vous lui donniez la vôtre que vous le payerez aussitôt leur confection. Notez que, si par hasard il va chez vous, ce ne sera que pour vous demander si vous voulez qu'il vous fasse une polonaise ou un manteau, au même prix.

Vous vous chausserez chez Sakoski. Il chausse tous les fashionables et M. le ministre des finances; jugez s'il hésitera à vous prendre mesure et à vous ouvrir un compte courant sur son grand-livre.

Quant à votre linge, vous vous fournirez

chez la lingère de la Cour ; mieux que personne elle connaît les avantages du crédit ,
et lorsqu'on en fait, un de plus ou un de
moins 'n'occasionne que peu de frais de différence ; quand même vous vous perdrez facilement dans la foule des consommateurs
de ce genre.

Tels sont les producteurs que vous devrez
rechercher ; parce que ce sont là les seuls que
vous pourrez payer sans débourser un sou,
attendu que de belles paroles pour eux équi-
valent à de l'argent comptant.

N'allez pas croire qu'un consommateur tel
que celui dont je veux parler, pour pouvoir
payer les dettes que lui feront contracter ses
consommations journalières, soit forcé de se
courber tristement sur le métier d'une ma-
nufacture , ou débarquer quotidiennement
des marchandises sur les ports Saint-Paul ou
Saint-Nicolas. Il n'ira pas, par une chaleur
du mois de juillet, rentrer ses récoltes, ou
au cœur de l'hiver accélérer des semences ;
il ne se creusera pas la tête pour améliorer
les produits divers que nous offrent géné-

reusement toutes les bêtes à cornes ou sans
cornes qui sont en France et autres lieux.
Il ne passera pas son temps à enrichir d'un
schall, d'un fourneau économique ou d'un ra-
soir à l'épreuve, l'exposition de nos produits ;
il n'emploiera même pas la journée à repro-
duire sur une toile que sa main saura rendre vivante, les traits d'un des défenseurs
de nos libertés, ou la nature prise sur le fait,
soit dans les bois de Meudon ou dans celui
de Montmorency ; il ne passera pas sa soi-
rée à accompagner, de son violon, de sa
basse, de sa flûte ou de son cor, les artistes
de nos royaux théâtres qui chantent faux ou
ne dansent pas en mesure. Enfin, il n'usera
pas les trois quarts de 'sa vie, *rue de Rivoli*,
à additionner de longs bordereaux ; il ne fera
rien de tout cela ; mais, parce qu'il ne plan-
tera pas, ne fabriquera pas, ne peindra pas,
ne fera pas de musique et n'additionnera pas,
ce serait une erreur de croire qu'il ne tra-
vaillera pas, qu'il ne produira pas, qu'il ne
consommera pas et qu'il ne payera pas, mais
toujours à la manière de mon oncle.

✳✳✳

Voici au surplus, pour arriver au résultat désirable par tous les consommateurs pour lesquels il a rassemblé les matériaux de son ouvrage, la conduite et le genre de vie qu'ils devront tenir et suivre, et le tableau des *biens* généraux qu'ils opèreront par sa méthode :

1° Le consommateur quel qu'il soit, ne se lèvera pas avant 10 heures, et par cette heureuse indolence il diminuera l'encombrement des commis, blanchisseuses, commissionnaires, cabriolets, oisifs, etc., etc., qui obstruent chaque matin les rues les plus fréquentées, et par conséquent les plus sales de notre belle capitale. Premier bien.

2° Il donnera audience à tous ses créanciers indistinctement de 10 à 11 heures, les écoutera et mettra en pratique les préceptes enseignés dans ce manuel.

Pendant ce temps les créanciers qui feront chez lui antichambre en attendant son lever, ne seront pas chez d'autres consommateurs également débiteurs, et cet avantage retombera sur la masse. Second bien.

3° Il recevra tous ses fournisseurs de

onze heures à midi, gardera pardevers lui ce que les uns lui apporteront, commandera quelque chose de nouveau à ceux qui n'auraient rien apporté.

De cette manière il les tiendra en haleine, augmentera son crédit, et poussera à la consommation; troisième bien.

4° Il s'habillera de midi à une heure, entendra sa cravate comme un ange, au moyen de ma théorie raisonnée de cette importante partie de notre habillement.

Il poussera ainsi au débit de cet ouvrage, chez le libraire, et à l'écoulement des mousselines, du jaconin, de la perkale et de la baptiste de nos manufactures; quatrième bien.

5° A deux heures il ira déjeûner au café du Perron, où, par la délicatesse du choix qu'il fera sur la carte, il provoquera encore à la consommation en mettant à la mode les *œufs en coquille* et les *omelettes à l'oseille*, qu'il mangera avec une grâce contagieuse pour tous ceux qui, sans connaître ces mets, auront envie d'en manger.

Suivant son système, il ne payera pas son déjeûner, mais il en fera consommer vingt par des habitués qui ne prennent ordinairement qu'une tasse de café sans beurre, et qui insensiblement se laisseront aller au déjeûner à la fourchette, entraînés par son exemple. Le maître du café sera très-content des vingt déjeûners payés, et très-satisfait du consommateur qui lui aura ainsi payé le sien, quoique sans argent : cinquième bien.

6° Il ira aux Tuileries attendre nonchalamment l'heure du dîner ; les deux ou trois chaises dont il se servira, sans les payer, pour étendre sa paresse, seront très-fructueuses à la loueuse qui en a l'entreprise. Par la manière dont il sera assis, il invitera les promeneurs au repos. En un instant toutes les chaises seront occupées et payées, la loueuse fera recette, et le remerciera ; sixième bien.

7° Une beauté suspecte ou non, soupirant dans une contre-allée après l'espoir d'un dîner, viendra à passer près de lui ; il s'ex-

asiera sur sa taille, sa démarche et *son genre*
u'il trouvera *bon*; un Anglais qui ne s'y
connaîtra pas fera la même remarque et se
détachera pour lui offrir son bras, un dîner
et sa bourse qui seront acceptés.

Il aura répandu le numéraire de l'Anglais dans le commerce de France. Septième
bien.

8° A six heures, il emmènera quelques amis
dont il ne sait pas le nom dîner chez son
restaurateur d'habitude. Il le met en vogue
d'un seul mot. Garçon ! *des huîtres vertes*,
de la *tisane de Champagne frappée*, des
perdrix aux truffes, etc., etc. Il mangera
comme quatre, boira comme six pendant
deux heures.... Quel fécond résultat n'aura
pas sa digestion après que les amis auront
payé leurs cartes. Le restaurateur sera enchanté en se décidant bien à ne jamais demander un sou à un si précieux consommateur. Les huîtres qu'il aura fait enlever
de chez les factrices de la *rue Montorgueil*
feront faire queue, le lendemain, chez elles
pour en avoir; les marchands de vins de

Reims et d'Épernay ne pourront suffire aux demandes de *tisane* qui leur seront adressées de toutes parts. La population du Périgord, si occupée à la recherche de la truffe, redoublera d'activité; la Vallée se garnira comme aux approches des élections; le marché de Poissy sera mieux fourni; la chandelle diminuera, la bougie augmentera et les taneurs n'attendront plus après la peau des bêtes, pour faire des cuirs..... Huitième bien. Mais que de biens en un seul! C'est parce qu'il est opéré par un individu qui a étudié à fond toutes les théories de mon oncle et qui sait parfaitement les mettre en pratique.

HUITIÈME LEÇON.

De la Contrainte par Corps.

Réflexions morales et philosophiques. — Trois petits
pâtés ma chemise brûle ! — *Sainte-Foix et mon
Oncle.* — *Histoire de la Contrainte-par-corps, de
puis son origine jusqu'à nos jours.* — *Causes pour les
quelles on peut être* appréhendé au corps. — *Anecdotes.* — *Avertissement.*

L'EMPRISONNEMENT pour dettes est, selon
mon oncle, une suite nécessaire des progrès
de la civilisation. En France, sous les deux
premières races et même au commencement
de la troisième, le créancier n'avait de prise
que sur les biens immeubles de son débiteur. Le président Hénault cite en preuve
Bouchard le Barbu de Montmorency, lequel faisait la chasse au moine de Saint-
Denis, dans son *île Saint-Denis*, comme on

fait la chasse aux sangliers et autres gibiers
de la même espèce. Or, cet honnête *con-*
sommateur devait une somme considérable
à Adam, abbé de Saint-Denis. «On ne l'ar-
» rêta pas, dit l'abbé Suger, parce qu'alors
» ce n'était pas l'usage ; mais on alla par
» ordre du bon roi Robert ravager ses ter-
» res, jusqu'à ce qu'il eût payé. »

Dans ces temps de barbarie, la loi frap-
pait de ridicule celui qui contractait des
dettes qu'il ne pouvait payer. Les choses ont
bien changé depuis !

La cession de biens à laquelle un débiteur
se voyait contraint, était accompagnée d'une
singulière cérémonie. Le débiteur, gentil-
homme ou roturier, était obligé de frapper
trois fois sur la terre avec son derrière
(*Nudis clunibus*), en criant : *Je cède mes*
biens ! Sainte-Foix prétend que l'on voit encore à Padoue la pierre de blâme (*Lapis vi-*
tuperii), où s'infligeait cette punition.

Je ne serais pas éloigné de croire que c'est
là l'origine d'une pénitence toute semblable
que l'on s'impose *aux petits jeux innocens,*

à celui qui ne peut payer autrement sa dette du *gage touché*. Je ne sais s'il faut, sur la seule autorité de l'auteur des *Essais sur Paris*, admettre comme prouvé, qu'antérieurement au règne de Louis-le-Jeune, on pouvait se dispenser de payer ses dettes en se battant avec ses créanciers; en pareil cas, Sainte-Foix était homme à confondre son histoire particulière avec celle des mœurs de nos ancêtres. Comme il payait fort mal et se battait souvent, il était intéressé à faire croire que l'un pouvait aller pour l'autre : quand même il était l'ami intime avec mon oncle. Je reviens à mon sujet, que je vais traiter avec tout le sérieux dont il est digne.

On appelle *contrainte par corps*, un acte signé, enregistré et émané d'un tribunal quelconque, mais cependant compétent; qui se prend tantôt pour un jugement, l'ordonnance ou la commission; qui permet à un créancier de faire incarcérer son débiteur en matière civile, tantôt pour le droit que le créancier a d'user de cette voie contre son

débiteur, tantôt enfin pour l'arrêt et emprisonnement qui est fait en conséquence de
la personne du débiteur ; *Potestas cogendi
alicujus ad faciendum aliquid per sententiam
judiciis data.*

Il n'était pas permis chez les Égyptiens
de s'obliger par corps ; Boccoris en a fait
une loi que Sésostris renouvela. Les Grecs
au contraire, permettaient d'abord l'obli-
gation par la *contrainte par corps ;* c'est pourquoi Diodore dit qu'ils étaient blâmables,
tandis qu'ils défendaient de prendre en gage
les armes et la charrue d'un homme, de
permettre de prendre l'homme même ; aussi
Solon ordonna-t-il à Athènes qu'on n'obli-
gerait plus le corps pour dettes, loi qu'il
tira de celles de l'Égypte.

La *contrainte par corps* avait lieu chez les
Romains contre ceux qui s'y étaient sou-
mis ou qui y étaient condamnés pour stel-
lionat ou dol ; mais si le débiteur faisait
cession, on ne pouvait plus l'emprisonner ;
on ne pouvait pas non plus arrêter les
femmes pour dettes civiles, n'auraient-elles

pas payé leurs impositions, soit de portes et fenêtres, soit personnelles, soit loca-
tives, soit mobilières ou immobilières, di-
rectes ou indirectes ; car il y avait autrefois
à Rome de toutes ces jolies choses, comme
aujourd'hui à Paris, avec cette différence
que le nom était différent, que l'on ne
payait pas si cher et qu'on n'inquiétait
même pas les citoyennes Romaines pour de
pareilles bagatelles ; à Paris, au contraire,
on arrête tout le monde, de quelque
genre et de quelque sexe que l'on soit :
masculin, féminin et même neutre, cela ne
fait rien à l'affaire.

En France autrefois il était permis de
stipuler la contrainte par corps dans toutes
sortes d'actes ; elle avait lieu de plein droit
pour dettes fiscales, et il y avait aussi certain cas où elle pouvait être prononcée
par le juge, quoiqu'elle n'eût pas été sti-
pulée.

L'édit du mois de février 1535, concernant la conservation de la ville de Lyon,
ordonne que les sentences de ce tribunal

seront exécutées par *prise de corps et de biens* dans tout le royaume, sans *visa* ni *pareatis*, ce qui s'observe encore aujourd'hui.

Charles IX en établissant la juridiction consulaire de Paris par son édit de 1563, ordonna que les sentences des consuls, provisoires ou définitives, qui n'excéderaient pas la somme de 5oo liv. tournois, seraient exécutées *par corps*.

La contrainte par corps n'avait point encore lieu pour l'exécution des autres condamnations ; mais par l'ordonnance de Moulins, art. 48, il fut dit : « Que pour » faire cesser les subterfuges, délais et tergi- » versations des débiteurs, tous jugemens » et condamnations de sommes pécuniaires » pour quelque chose que ce fût, seraient » promptement exécutés par toutes con- » traintes et cumulations d'icelles, jusqu'à » l'entier paiement et satisfaction ; que si les » condamnés n'y satisfaisaient pas dans les » quatre mois après la condamnation à eux » signifiée, à personne ou domicile, ils pour-

»raient être *pris au corps* et tenus prison-
»niers jusqu'à la cession, et abandonnement
»de leurs biens, et que si le débiteur ne
»pouvait pas être pris ou que le créancier le
»demandât, il serait procédé par le juge
»pour la contumace du condamné, au dou-
»blement et tiercement des sommes déjà
»adjugées.»

Les prêtres ne pouvaient cependant être
contraints par corps en vertu de cette ordonnance, ainsi que cela fut déclaré par
l'*art.* 57 de *l'ordonnance de Blois.*

L'usage des contraintes par corps après
les quatre mois, qui avait été établi par l'ordonnance de Moulins, a été abrogé pour les
dettes purement civiles par l'ordonnance
de 1667, *tit.* 34, *art.* 1er, qui défend aux
cours et à tous les juges de les ordonner, à
peine de nullité, et à tous huissiers ou re-
cors de les exécuter à peine de dépens, dom-
mages et intérêts.

Pour obtenir la contrainte par corps
après tous les cas prévus par le code, le
créancier doit primitivement faire signifier

le jugement à la personne ou domicile de la partie, distribuer avec commandement de payer, et déclaration qu'elle y sera *contrainte par corps,* après les délais soufferts par la loi.

Ces délais expirés, et à compter du jour de la signification, le créancier lève au greffe un jugement portant que dans la quinzaine, la partie sera *contrainte par corps,* et il fait signifier, au moyen de quoi la quinzaine étant expirée, la contrainte par corps peut être exécuté e sans autres procédures; il faut seulement observer que toutes les significations dont on a parlé doivent être faites avec toutes les formalités ordonnées pour les ajournemens.

Si le débiteur appelle de la sentence, s'oppose à l'exécution de l'arrêt ou jugement portant condamnation *par corps,* la contrainte doit être sursise jusqu'à ce que l'appel ou l'opposition ait été jugé; mais si avant la signification de l'appel ou opposition, les huissiers ou gardes de commerce, s'étaient saisis de la personne u condamné, il ne serait pas sursis à la contrainte; c'est-à-dire qu'il n'aurait plus droit à mettre opposition.

Les poursuites et contraintes par corps n'empêchent pas les saisies, exécutions et ventes des biens, meubles ou immeubles de ceux qui sont condamnés.

Quoi qu'il en soit, la dernière loi sur la contrainte par corps (celle du 15 germinal an VI), n'a établi aucune différence entre le véritable négociant patenté, et celui qui, sans être commerçant, fait un acte de commerce. Je veux parler des consommateurs de toutes classes auxquels le tribunal de commerce fait l'honneur de les qualifier du titre de *négocians*.

Il suffit d'avoir signé une lettre de change en bonne forme, pour être réputé *négociant*, et devenir justiciable du tribunal de commerce. Si la lettre de change n'est pas acquittée à l'échéance, ce tribunal ne manque jamais de décerner *la contrainte par corps*, et il est tellement expéditif qu'il rend,

dit-on, années communes, environ dix-huit
mille jugemens de cette nature.

Mon oncle croit qu'on ferait très-bien
d'abolir la *contrainte par corps*, ou de la ré-
server seulement pour les créanciers. Ce
sont en général des prêteurs sur gage, des
intrigans, des usuriers; de ces miséra-
bles entremetteurs d'affaires qui se déco-
rent du titre de *producteur*, qui exploitent à
leur profit la contrainte par corps. Son
abolition ferait disparaître une foule de piè-
ges tendus sous les pas des jeunes consommateurs passionnés et sans expérience, qui
risquent souvent leur avenir pour un moment d'ivresse et de dissipation, et qui par
malheur ont la manie de donner des à-comptes à leurs créanciers : ce serait donc un
avantage réel pour la morale publique et la
consommation habituelle.

Il est prouvé que la contrainte par corps
favorise les mauvaises mœurs de plus d'une
manière. Mon oncle a connu une femme
sensible, aujourd'hui duchesse, qui se trouvant jadis gênée par la présence d'un mari

d'humeur jalouse, apprend qu'il a souscrit une lettre de change, que l'état de ses affaires ne lui permet pas de payer au jour de l'échéance; elle fait aussitôt acheter sous main la fatale créance, et retient son époux sous les verroux de Sainte-Pélagie pendant cinq ans. Cet honnête homme n'apprit que dans la suite de quelle manœuvre il avait été victime, sa tendre épouse venant quelquefois pleurer avec lui d'une séparation aussi cruelle, et se consoler avec son crésus de son infortune conjugale.

Mon oncle m'a également assuré qu'un pareil moyen avait été employé pour éviter les importunités d'un amant qui avait pris au pied de la lettre des protestations d'une éternelle fidélité.

La durée de la détention est de cinq ans pour un Français : ce terme expiré, il est libre, et ses créanciers perdent sur lui le *recours par corps*; quant aux étrangers, la durée de leur détention est illimitée.

L'âge, quelqu'avancé qu'il soit, n'exempte point de la *contrainte par corps*. On a vu es vieillards de quatre-vingt-dix ans détenus à Sainte-Pélagie, pour dettes. Avis aux consommateurs de tout âge !........

NEUVIÈME LEÇON.

Des Huissiers.

Qu'est-ce qu'un Huissier. — Des Huissiers Grecs et Romains. — Des Sergens. — Droits et prérogatives d'iceux. — Petites anecdotes qui démontrent les avantages attachés à la charge d'Huissier ou de Sergent. — Refuges et inviolabilité. — Conséquences.

« Hé ! ne devrait-on pas à des signes certains,
Reconnaître le cœur des perfides humains ! »

C'est ce que Racine nous souhaite dans ces deux vers relativement à la *reconnais-sance* des huissiers. Car tant que le soleil est sur l'horizon, tremblez malheureux consommateurs qui vivez sans principes, ou plutôt qui n'en avez pas du tout; à la faveur de l'astre éclatant, bien que *le soleil luise pour tout le monde*, les huissiers ont droit de vous arrêter ou de vous faire arrêter, ce qui est à peu près la même chose, excepté cependant les dimanches et fêtes chaumées par l'église.

Mais, me direz-vous, qu'est-ce donc qu'un huissier?..... Je vais vous le dire.

Un huissier est une espèce de ministre de la justice, habillé comme vous et moi, qui fait tous les exploits nécessaires pour contraindre les parties tant au jugement qu'à l'exécution de toutes commissions, droits et ordonnances émanés de juges légaux.

Les huissiers ont été ainsi nommés parce que ce sont eux qui gardent l'*huis* ou porte du tribunal. Le principal objet de cette fonction est de tenir la porte clause lorsque l'on délibère au tribunal, et d'empêcher qu'aucun étranger n'y entre sans permission du président, d'empêcher même que l'on écoute auprès du lieu où se tient la délibération, qui doit être tenue secrète; de faire entrer ceux qui sont mandés au tribunal; d'en expulser ceux qui troublent les séances; en un mot, d'agir en tout selon la volonté du président.

Chez les Romains, ceux qui faisaient les

fonctions d'huissiers étaient appelés *appa-*
ritores, *cohortales*, *executores*, *hatores*, *cor-*
nicularii, *officiales*. Ils remplissaient en
même temps les fonctions de ce qu'on appelait encore, avant la révolution, des
sergens.

En France, on les appela des *serviantes*,
d'où l'on a fait *sergens*. On les appelait
encore, aux XIIIe, XIVe, XVe et XVIe
siècles, des *bedels* ou *bedeaux*, ce qui, dans
cette occasion, signifiait *semonceurs publics*.

En 1317, ceux qui faisaient le service au
parlement étaient appelés *valeti curiæ*; mais
dans une lettre du 2 janvier 1365, le roi
les appela *nos amés varlets*. Au reste, on sait
que le terme de *varlet* ne signifiait pas comme
aujourd'hui *valet*, des fonctions viles et ab-
jectes, puisque les plus puissans vassaux,
tels que les comtes, les ducs et les barons
se qualifiaient eux-mêmes du titre de *pre-*
mier varlet du roi, quoiqu'ils fussent bien
loin de se considérer comme *très-humbles*
serviteurs de Sa Majesté. Du reste, les places
d'huissiers au parlement étaient regardées

comme *des charges*, et s'achetaient à cause des gages et des émolumens qui étaient attachés à cette place.

Le nom d'*huissier* fut donc donné à ceux qui étaient chargés de la garde des portes des tribunaux. On en trouve un exemple pour ceux du parlement, dans un mandement de l'archevêque de Paris, en 1388, adressé : *primo parlementi nostri hostiario seu servienti nostra*.

Plus tard, la plupart des sergens (que l'on appelait aussi avant la révolution des *pousse-culs*), ambitionnèrent le titre d'*huissier*, quoiqu'ils ne fissent nullement de service auprès des juges ni des tribunaux ; de sorte que les premiers furent appelés *huissiers audienciers*, pour les distinguer des autres *huissiers*, qui, dans le fait, n'étaient de droit que des sergens ou pousse-culs.

Il était défendu aux huissiers, même du parlement, de se qualifier de *maître ;* ce titre n'était alors réservé qu'aux magistrats; mais depuis que ceux-ci se sont fait appeler *monsieur, monseigneur, sa grâce, sa seigneu-*

rie, les *huissiers* se sont attribué le titre de *maître*.

Ils doivent marcher devant les membres du tribunal assemblés, afin de leur faire porter honneur et respect, et empêcher qu'on ne les arrête dans leur passage ; faire faire silence au commencement de l'audience, et frapper de leur baguette pour faire tenir le public en repos et à sa place.

C'est un huissier qui appelle les causes à l'audience, d'après le rôle qui lui est remis. Il doit toujours être couvert en remplissant ses fonctions. Les anciennes ordonnances leur défendaient, sous peine de blâme et d'amende, de ne rien prendre, recevoir, accepter ni exiger des parties pour appeler leurs causes ; mais on sait qu'en France les vieilles ordonnances sont à-peu-près comme de nouvelles que je pourrais citer, tombées tout-à-fait en désuétude.

Ce sont les huissiers qui donnent les assignations et ajournemens, qui procèdent aux publications de ventes de meubles, qui exécutent (à la diligence de M. le procureur

du roi) les décrets rendus en matières crimi-
nelles, qui font les procès-verbaux de per-
quisitions, les emprisonnemens, les saisies
et annotations de biens. En cas de résistance
ou de rébellion, ils peuvent appeler à leur
secours la force armée et les habitans des
lieux, qui sont tenus, arbitrairement, à
leur prêter appui, secours et assistance, dans
le ressort duquel ils exploitent.

François Ier ayant appris qu'un de ses
huissiers avait reçu des coups de bâton,
se mit un bras en écharpe, voulant mar-
quer par-là qu'il regardait ce traitement
fait à son huissier comme l'ayant reçu lui-
même, et que la justice, dont il se regardait comme le premier organe, était blessée
en sa personne.

L'édit d'Amboise, les ordonnances de
Moulins et de Blois défendent, sous peine
de mort et sans aucune espèce de grâce,
d'outrager ou excéder des huissiers ou sergens lorsqu'ils font quelques exploits de
justice.

Jourdain-de-Lille, fameux par ses bri-

gandages sous Charles IV, fut pendu en
1322, pour avoir éventré un huissier qui
l'ajournait au parlement.

Édouard, comte de Beaujeu, fut décrété
de prise de corps et emprisonné à la Con-
ciergerie, pour avoir fait jeter par la fenêtre
un huissier qui lui vint signifier un décret.

Le prince de Galles, en 1365, ayant
empêché un huissier qui venait pour l'a-
journer de faire son ministère, fut déclaré
contumax et rebelle par le parlement, et
les terres qu'il tenait en Aquitaine furent
confisquées.

Anciennement un huissier assignait verbalement les parties, et ensuite en faisait
son rapport au juge du lieu en ces termes :
A vous, Monseigneur le Bailly........ mon
très-douté ou redouté Maître........ plaise vous
savoir que le........ j'ai intimé........ à com-
paroître, etc., etc. Ce rapport s'appelait
relatio. L'huissier ne signifiait pas, il mettait seulement son sceau, parce que la plupart ne savaient ni lire ni écrire ; mais maintenant tous les huissiers sont forcés, par les

nouvelles ordonnances, et obligés de savoir au moins lire et écrire : tous s'y conforment maintenant.

Ils peuvent porter sur eux des armes offensives et défensives, pour la sûreté de leur personne, et se faire assister d'une force civile ou militaire.

Vous ne sauriez donc trop étudier les abris que vous indique mon oncle par ma voix, et ceux que vous présentent les articles du Code, qui disent en beaucoup de mots ce que je vais vous dire en très-peu d'articles :

1° Vous ne pouvez pas être arrêté par eux pour une somme moindre de 100 fr. ; ainsi donc, si vous avez la faiblesse de souscrire un ou plusieurs engagemens, ne les faites jamais de plus de 99 fr. 99 cent., et d'après cette latitude vous pouvez doubler, tripler, quadrupler la masse de vos engagemens ;

2° Vous ne pouvez être arrêté ni avant ni après le coucher du soleil ; de cette façon la lune devient votre protectrice. Invoquez-

la donc, ô vous consommateurs romantiques.

3° Vous ne pouvez être arrêté dans les
édifices consacrés au culte, mais seulement
pendant le service divin. Belle occasion pour se
remettre au courant du répertoire..... pro-
fitez-en en ne manquant pas un office.

4° Les résidences royales sont également
inviolables pour vous, telles que le Jardin
des Plantes, le Louvre, les Tuileries, le
Luxembourg, le Palais Royal (le jardin
seulement , les galeries exceptées);

5° Chez soi, tant qu'on n'en sort pas;
pourvu que ce ne soit pas en hôtel garni,
et que vous n'ayez donné votre adresse à qui
que ce soit ;

6° Enfin dans les lieux où se tiennent les
séances des autorités qui forment un des
principaux corps de l'État; mais il faut qu'il
y ait *tenue de séance.* Allez donc à la Chambre des députés entendre discuter les honorables défenseurs de nos libertés avec lesquelles la vôtre n'a rien de commun.

Tels sont les refuges que vous a réservés

le Code contre les poursuites des huissiers.
Hors de là, vous courrez le risque à chaque
pas d'être appelé, saisi par le bras, si vous
n'avez pas de jambes, et conduit au lieu
dont le nom va vous sauter aux yeux à la
page suivante...... Voilà !

DIXIÈME ET DERNIÈRE LEÇON.

Sainte-Pélagie.

Aveu tardif. — Itinéraire. — Connaissance des lieux. —Portraits divers. — Nouveau régime à suivre. — Les Visiteurs. — Consolations. — Dernières réflexions.

MALHEUREUX consommateurs, c'est en vain que mon oncle a cherché à vous le dissimuler; mais moi je vous l'avoue, vous courez toujours le risque de finir par-là.

Dès qu'un débiteur est en prison, s'il ne peut pas payer et que son créancier soit devenu son ennemi, ainsi que cela arrive presque toujours, il faut qu'il se résigne à y passer cinq mortelles années; les seules chances qui lui restent, pour en sortir sans les secours du Comité de Bienfaisance ou l'oubli de la part du *producteur* de verser d'avance le montant des alimens auquel a droit le *consommateur*. Dans ce cas, une

heure de retard lui rend la liberté. Mais en
attendant il n'en faut pas moins aller en
prison, et je vais me charger du soin de
vous en montrer le chemin; car mon oncle
ne s'étant jamais mis dans le cas de le par-
courir, serait fort embarrassé pour vous
l'indiquer lui-même.

Apercevez-vous dans cette ruelle presque déserte, qu'on nomme la *rue de la Clef*
(que l'on prononce *clé*, même devant une
voyelle, à ce que nous apprend le Dictionnaire de l'Académie), ce grand bâtiment
entouré de hautes murailles, de bornes en-
chaînées, et dont la façade semble n'être
qu'à moitié sortie des antres de la terre?
Voyez-vous ce corps-de-garde, cette gué-
rite et ce factionnaire? Distinguez-vous
cette porte, haute de quatre pieds, avec un
judas de huit pouces carrés? Frappez deux
coups, baissez la tête et courbez-vous de
manière à ce que vos jambes et votre corps
ne fassent qu'un angle droit... On vous a
ouvert, vous pouvez entrer!....

Maintenant vous voilà dans cet ancien

couvent (réparé et mis à neuf aujourd'hui)
qui servait d'asile à des nones timides, et
qui sert aujourd'hui de prison aux consommateurs de toutes classes qui, ne connaissant
pas la méthode de mon oncle, ont pour
payer leurs dettes souscrit une ou plusieurs
lettres de change qu'ils n'ont pas acquittées,
ou bien encore à des gens distraits qui ont
contracté l'habitude de prendre dans la
poche de leurs voisins ce qu'ils ont proba-
blement oublié de mettre dans la leur.

Ce seuil que vous venez de franchir vous
a séparé du séjour des *allans* et *venans;* au
milieu de Paris, vous êtes presque dans
l'autre monde.

Ce grand Cerbère de six pieds deux
pouces, cette espèce d'homme gris dont la
main qui ferait envie au plus brave des
claqueurs de nos théâtres royaux, semble
être identifiée avec cette clé énorme qu'on
prendrait pour la masse d'armes d'un évêque
du XIIe siècle, a deviné que vous étiez un
consommateur qui veniez de passer bail avec
un des *producteurs* ordinaires de l'endroit.

Dès ce moment votre signalement est gravé dans sa mémoire, et ce n'est qu'après cinq ans révolus qu'il lui est permis de vous effacer de son souvenir.

Nouvel Hartentirkof, il est incorruptible; rien ne l'émeut, rien ne saurait l'attendrir. Il ouvre et ferme la susdite porte avec la même impassibilité, tant à l'infortune qu'à la beauté qui va la consoler quelquefois. Jamais il ne sourit, si ce n'est lorsqu'il voit passer sous ses yeux un panier de Chambertin ou de Mercuray. Ah! s'il pouvait le confisquer à son profit!......... mais je ne dois pas m'arrêter avec vous aux bagatelles de la porte, et vais vous conduire tout droit au greffe.

Il est placé à l'extrémité droite du petit corridor où vous êtes; vous vous présentez à un modeste employé, à cheveux blancs et culotte courte, assez bon enfant, mais à califourchon sur les ordonnances émanées de M. le Préfet de police : vous voilà enregistré, et dès ce moment vous pouvez

vous considérer comme un des commen-
saux de l'établissement.

Cependant lorsque le *consommateur* locataire a des principes, les convenances
exigent qu'avant de passer outre, il fasse
une courte visite au maître de la maison.
Il se tient ordinairement dans une pièce
de fond voisine, avec deux greffiers qui
lui servent d'aides-de-camp. Vous serez
étonné de l'amabilité de ses formes, de
la politesse de ses manières; c'est le type
de M. Jovial. Quoique ne vivant qu'entouré de chiens, de gardiens et de tristes
murailles, qu'il sache l'argot mieux que
l'auteur qui vient de publier un ouvrage
important sur cette langue mère des voleurs et escrocs, échappés des bagnes, et
autres fashionables de la même trempe,
comme l'auteur du dictionnaire dont nous
parlons, M. le greffier-concierge de Sainte-
Pélagie (car tel est son titre officiel) ne
s'en exprime pas moins d'une manière très-
distinguée, ce qui prouve que Sainte-Pélagie ne renferme pas que des gens mal élevés.

Vous ferez bien de faire sa connaissance, d'autant plus qu'il est souverain absolu dans l'intérieur du gouvernement qui lui est confié, et que ses actes et jugemens sont sans appel.

Après avoir rendu vos hommages respectueux au maître de la maison, vous revenez tant soit peu sur vos pas, afin de traverser le chemin de ronde et pénétrer dans l'hôtel ; vous vous trouvez en face de deux portes. Celle de droite est la porte qui aboutit à la détention pour opinion politique ou opinion de poche ; ce n'est pas celle-là, mais c'est celle qui est à gauche, et qui aboutit à la dette. Vous frappez, on vous ouvre ; vous exhibez votre écrou et cette fois-ci vous êtes dedans.

Un député (1) a dit à la tribune nationale que le sort des détenus pour dettes n'était pas aussi à plaindre qu'on le publiait, puisqu'ils donnaient tous les jours des fêtes et

_____

(1) M. Bazre.

des dîners. Cette assertion peut avoir quelque chose de vrai, quoique manquant entièrement de générosité de la part de celui qui l'avait émise. Je sais qu'on trouve à Sainte-Pélagie quelques consommateurs aisés qui cherchent à s'étourdir à table avec d'autres consommateurs leurs amis qui viennent les voir; mais la masse des dettiers est dans la plus grande misère, et plusieurs périraient sans le secours de leurs compagnons d'infortune.

Ce que je dis là est exact, et plus d'un de mes lecteurs seraient à même d'en juger bientôt, s'ils n'avaient déjà mis en pratique les théories variées, enseignées par mon oncle.

La loi oblige le créancier *incarcérateur* à avancer au débiteur incarcéré, une somme de 20 fr. par mois; sur cette avance le consommateur doit d'abord payer le loyer de son lit et de son ameublement; quelque modeste qu'il soit, il lui coûte la moitié de ce qu'il reçoit par mois (10 fr. , c'est prix fait comme pour les petits patés); il lui reste

donc 10 fr. pour se nourrir ; or, 10 fr. ou
1,000 cent. à partager en trente jours
(terme moyen), font bien 33 cent. 2/3 par
jour ou 6 sols et deux liards à-peu-près,
avec lesquels il est tenu de faire deux repas
par jour; reste 10 cent. par mois ou 24 sols
par an pour s'habiller, se blanchir, se chauf-
fer, jouer, lire, donner des étrennes, etc.,
etc. Certes ce n'est pas trop, et je doute
qu'un économiste, serait-il de la même
trempe que celle dont était mon oncle
sur la fin de sa carrière, pût jamais faire honneur à ses affaires sans même
payer ses dettes, avec un semblable revenu.

M. le ministre de l'intérieur vient, il est
vrai, au secours des dettiers *pauvres*, en
leur faisant distribuer ce qu'on appelle *la
pitence*, c'est-à-dire, une écuelle de bouillon
maigre et quelques légumes secs, rem-
placés les jeudis, dimanches et fêtes chô-
mées, par un bouillon appelé *gras* et une
petite portion de vache à laquelle on est
convenu d'appliquer la qualification mas-

culine. Lorsque le consommateur pauvre
a une famille, et que cette famille se trouve
dans l'abandon, il faut encore qu'il partage
le peu qu'on lui donne avec sa femme et
ses enfans.

Quel tableau que celui d'un malheureux
privé de sa liberté, qui n'a devant lui, le
jour de Pâque ou de Noël, que la *pitence*,
et qui voit arriver sa femme et ses enfans
affamés !.... Mon oncle, qui n'a jamais
connu ses enfans, parce qu'on ne lui a jamais connu de femme, bien qu'il n'ait mis
de sa vie le pied à Sainte-Pélagie, par su-
perstition, n'en a pas moins laissé un tableau
frappant des misères qui s'y engendrent,
tout en raisonnant par analogie.

Cependant, il faut le dire, cet état de
souffrance n'est pas tout-à-fait général : les
consommateurs dettiers trouvent à Sainte-
Pélagie une table d'hôte et trois ou quatre
restaurans, fréquentés par la classe aisée,
et qui (chose étonnante), ne font pas moins
de crédit que les restaurateurs les plus aisés
de la capitale. Ceci vient sans doute à l'ap-

***

pui de l'assertion de mon oncle : « quicon-
» que ne fait pas de crédit doit infaillible-
» ment fairebanqueroute. » Quant à moi,
l me semble que s'il est au monde un restaurateur qui ne doive pas faire de crédit,
ce doit être celui de Sainte-Pélagie. Eh bien
c'est tout le contraire !

On trouve encore dans cette douce re-
traite des cafés-tabagies, un billard, un
cercle où l'on joue la bouillotte et à l'écarté,
et un cabinet de lecture où on lit tous les
journaux, excepté le *Moniteur*, la *Gazette
de France*, la *Quotidienne* ; on ne lisait pas
davantage le *Journal de Paris*, l'*Étoile* et
le *Pilote*, lorsqu'ils étaient encore de ce
monde.

L'intérieur de Sainte-Pélagie ressemble
à un caravansérail, reçoit des hommes de
tous les pays et de toutes les professions.
On y compte toujours vingt officiers, parmi
lesquels se trouvent une demi-douzaine de
colonels et un lieutenant-général ; les mar-
quis, les comtes, les barons et les cheva-
liers s'y trouvent toujours en grand nom-

bre; on y voit même de temps en temps
des abbés; le reste de la population se compose d'hommes de lettres, de musiciens,
de peintres, d'ouvriers, de restaurateurs,
de porteurs d'eau, de tailleurs et de voleurs
de toutes les classes; ce qui est le plus rare à
Sainte-Pélagie, c'est un négociant ou un
gendarme.

Comme il y entre journellement de
soixante-quinze à cent cinquante *visiteurs*
par jour (terme moyen cent), et que
ces *visiteurs* ne viennent pas pour être à la
charge des consommateurs dettiers, les
restaurateurs et les cafés y gagnent quelque
chose. Sans ces puissans auxiliaires étrangers, il est probable que la plupart de ces
établissemens ne pourraient tenir long-
temps; car en général les consommateurs
à postes fixes consomment peu et ne payent
pas du tout; aussi les restaurateurs et les
cafés n'y sont-ils pas fameux. Les habitués
semblent posséder toutes les pratiques enseignées par mon oncle, sans en pratiquer
la théorie raisonnée. C'est un grand service

que rendra son ouvrage à ceux qui ne sont pas encore allés à Sainte-Pélagie et à ceux qui en sont sortis.

Lorsque l'on veut aller visiter un malheureux consommateur *dettier* à Sainte-Pélagie, il ne suffit pas de se présenter à la préfecture de police et d'y demander *une permission;* il faut préalablement se munir d'une autorisation par écrit émanée du dettier que l'on veut voir; ce n'est que sur cette autorisation, dûment visée au greffe de l'établissement, par le respectable employé dont j'ai parlé au commencement de cette leçon, que MM. de la préfecture de police délivrent ladite permission.

Cette mesure qui paraîtra au premier abord une entrave à la liberté de ceux qui sont en prison, est non-seulement nécessaire, mais encore toute philantropique. Sans elle, les malheureux *consommateurs* débiteurs seraient journellement harcelés par leurs créanciers *producteurs,* quoique les premiers fussent sous les verroux. Ce

mode de communication établi laisse aussi
au détenu la faculté de ne recevoir dans
sa prison que les individus qui peuvent
adoucir l'ennui de sa captivité : quant aux
créanciers, ils n'ont d'autres moyens de
voir leurs débiteurs, qu'en les faisant
appeler au greffe où ils sont même libres
de ne point se rendre, s'ils soupçonnent
que celui qui vient les tracasser ne voudra,
en aucune façon, entrer en arrangement
en suivant la méthode du professeur.

Au surplus, il n'existe à Sainte-Pélagie
comme dans la vie, que deux grandes épo-
ques : l'entrée et la sortie. Les premiers
jours de l'une, comme les premières années de l'autre, paraissent interminables ;
mais lorsque vous êtes arrivés à un certain période, ils se précipitent avec une
vitesse extrême. La dernière semaine de
la prison, comme la dernière saison de la
vie, s'écoule rapidement et ne laisse dans
la mémoire que des traces fugitives ; alors
on ne compte pas plus les jours que le
vieillard ne compte les années.... Je vou-

drais qu'on m'expliquât clairement ce phé-
nomène.

Il est prouvé d'ailleurs que les grands
espaces nuisent au bonheur : en toutes
choses on a besoin de voir et de sentir
des limites. Milton ne travaillait à son
Eden que dans une cave ; Rousseau écri-
vit ses plus belles pages dans un grenier;
Cervantes fit son chef-d'œuvre dans un
cachot, et mon oncle composa ce savant
traité à l'hopital. Mais que sont Milton,
Rousseau, Cervantes et une quantité d'autres, que je pourrais facilement nommer,
en comparaison de mon oncle.... Tous
ces grands génies n'eurent jamais un sou
de dettes !

CONCLUSION.

Morale

QUI N'A RIEN DE COMMUN AVEC CELLE QUE PRÊCHE MON ONCLE DANS SON OUVRAGE, ET QUE PAR CETTE SEULE RAISON, J'ENGAGERAI LE LECTEUR A SUIVRE DE PRÉFÉRENCE A LA SIENNE.

GRACE à Dieu, nous ne sommes plus au temps où il était du bon ton d'avoir des dettes, et où des créanciers dans une antichambre étaient plus honorables que des laquais.

Le travers de quelques jeunes seigneurs de l'ancienne cour avait insensiblement gagné toutes les classes, mais il était réservé à mon très-remarquable oncle d'en faire un principe de droit civil, politique et commercial, en un mot d'en faire un livre pour prouver tout exprès que des dettes non-payées sont une preuve incontestable de la prospérité de celui qui les a contractées.

Je lui en demande pardon : mais tout en donnant mes soins à la rédaction de son art *de payer ses dettes et de satisfaire ses créanciers sans débourser un sou*, je n'ai jamais apprécié sa morale et encore moins senti le sel de ses plaisanteries sur les moyens qu'il conseille d'employer pour ne pas payer ses dettes, quand malheureusement on a été forcé d'en faire, et lorsqu'on trouve la possibilité de n'en plus avoir en les payant, bien entendu avec de l'argent. Il me semble que des dettes, de quelque nature qu'elles puissent être, sont des engagemens tout aussi sérieux que d'autres, et qu'il n'y a pas plus d'esprit que d'honneur à y manquer.

Je sais, et tout le monde sait comme moi que, par une de ces inconséquences dont il me serait facile de trouver dans nos mœurs une foule d'exemples, la loi condamne, sur ce point, ce que la société permet. Je sais encore que, pendant que les tribunaux frappent le matin les débiteurs, les théâtres se moquent le soir des créanciers, et qu'on est convenu, dans le monde et sur la scène, de rire des tours qu'on leur joue tous les jours. Mais ceux-ci se fatiguent de leurs courses inutiles, s'ennuyent des remises éternelles qu'on leur propose, et finissent enfin, à force de persévérance, par obtenir un *arrêté de compte* que le débiteur, pour obtenir un crédit nouveau, solde au moins en partie souvent avec le secours des usuriers.

Ces honnêtes trafiquans, toujours au fait des besoins et des ressources de ceux qui ont recours à eux, connaissent mieux que personne la valeur d'une acceptation faite sur papier timbré. L'étourdi qui tombe entre leurs pates a beau répéter avec mon oncle : *des billets tant qu'on veut, mais point de lettres de change!* Ce n'est qu'à ce prix qu'on obtient de l'argent, emprunté à des intérêts énormes. Les jours s'écoulent, l'échéance arrive, la lettre de change est protestée, le jugement rendu, signifié; M. Legrip et consors vous quittent, et le lendemain, à son retour *du bois,* en entrant au *café de Paris,* notre élégant, sans respect ni pour la mode ni pour son appétit, est invité, par sentence du tribunal de commerce séant à la Bourse, à se rendre RUE DE LA CLEF pour y séjourner entre quatre murailles, jusqu'à ce qu'un père complaisant, une mère tendre, une maîtresse compatissante, un ami généreux, ou enfin un oncle d'une autre trempe que celle dont était le mien, le rende à ses douces habitudes, et lui donne, en payant ses dettes, le moyen d'en contracter de nouvelles.

Cependant il est une idée consolante, c'est qu'il devient chaque jour plus difficile de se faire à Paris, comme autrefois, un revenu de ses dettes; les marchands sont moins crédules, les ouvriers moins patiens, les usuriers moins nombreux, les parens, les maîtresses, les amis, moins généreux et les tribunaux plus sévères qu'à l'époque où vivait mon original d'oncle..... à qui Dieu fasse paix et miséricorde !

FIN.

TABLE
DES MATIÈRES
CONTENUES DANS CET OUVRAGE.

—

FIN DE LA TABLE